《山海经》匪特史地之权舆,亦乃神话之渊府。

——神话学家袁珂

陪孩子读山海经

山川神灵

罗旻 ○ 编著
尧立 ○ 绘

中国少年儿童新闻出版总社
中国少年儿童出版社
北京

目录

和羲	4
羲常	6
义昊	8
白帝少昊	10
红光芒	12
句融收	14
祝强吾	16
蓐禺	18
陆开明兽	20
	22

招摇	24
母阴逢	26
西王母罗虫	28
烛阴蒙	30
泰武蠱	32
骄蠱夷	34
蠱计吴	36
计涉神	38
涉冰	40
冰天	42
天雷	44
	46
九凤·强良	48

帝江 50	
竖亥 52	
雨师妾 54	
女魃 56	都广之野 76
应龙 58	精卫 78
蚩尤 60	夸父 80
夔 62	女丑之尸 82
夏后启 64	刑天 84
孟涂 66	鼓 86
太子长琴 68	凿齿 88
帝之二女 70	相柳氏 90
宵明·烛光 72	导读 92
诸沃之野 74	

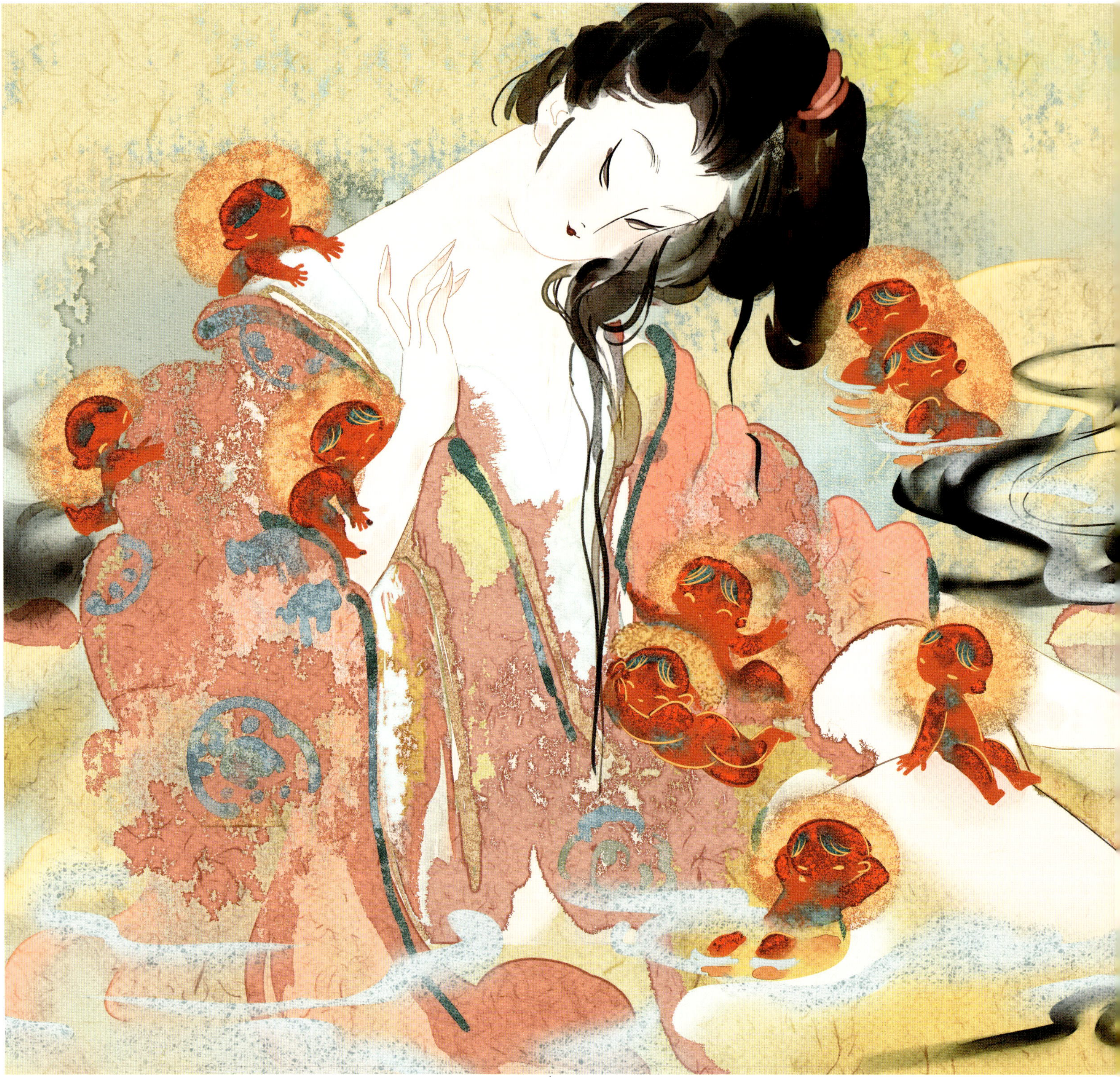

羲 和

◎ 出自《大荒南经》

东海之外，甘水之间，有羲(xī)和之国，

有女子名曰羲和，方浴日于甘渊(yuān)。

羲和者，帝俊(jùn)之妻，生十日。

羲和：生育太阳的女神，后演变为太阳神。
甘渊：神话中的地名。甘水形成的深潭。
帝俊：上古神话中的天帝。

说文

　　古人认为，太阳诞生在非常遥远的地方。在东方的大海之外，有一个神秘的国度，被名叫甘水的河流环绕着，甘水汇流的地方形成了一个深深的水潭，叫作甘渊。有一位叫羲和的女神住在这里，她是天帝帝俊的妻子，和帝俊生下了十个孩子。这些孩子不是普通的小孩，都是光明灿烂的太阳，羲和就在甘渊里给这十个太阳洗澡，让他们变得更加明亮美丽。因此，这片土地就被称为羲和之国。

　　太阳东升西落，为整片大地带来生机。古人感念羲和生育太阳的功劳，尊她为日母，认为太阳一定也很听她的话。在他们的心目中，羲和每天都驾驶着太阳车，轮流带着十个太阳越过天空和大地。这个场景，像不像一位既温柔又严厉的母亲日复一日地督促自己的孩子做功课呢？

常 羲

◎ 出自《大荒西经》

有女子方浴月。帝俊妻常羲,
生月十有(yòu)二,此始浴之。

常羲:生育月亮的女神,后演变为嫦娥。
方:正在。 有:通"又"。

说文

　　和太阳一样，月亮也诞生在很遥远的地方。天神帝俊还有一个妻子，叫作常羲，他们共同生育了十二个月亮。古人认为，我们居住的大地之外环绕着茫茫大海，大海之外还有更遥远荒凉的广大土地，叫作大荒，月亮的母亲常羲就住在大荒之地的最西方。那里也有清澈的河流和水潭，供她给十二个月亮洗澡，让他们变得洁净明亮，好照亮伸手不见五指的漆黑夜晚。

　　在古人的想象中，帮助他们照亮黑夜的常羲女神，一定和她手中的月光一样温柔。而古代"羲"和"娥"的读音又非常相似，所以慢慢地，常羲就被念成了"嫦娥"这个更加温柔美好的名字，她的身份也从月亮的母亲变成了月中的仙女。直到今天，世上仍然流传着嫦娥奔月的传说。

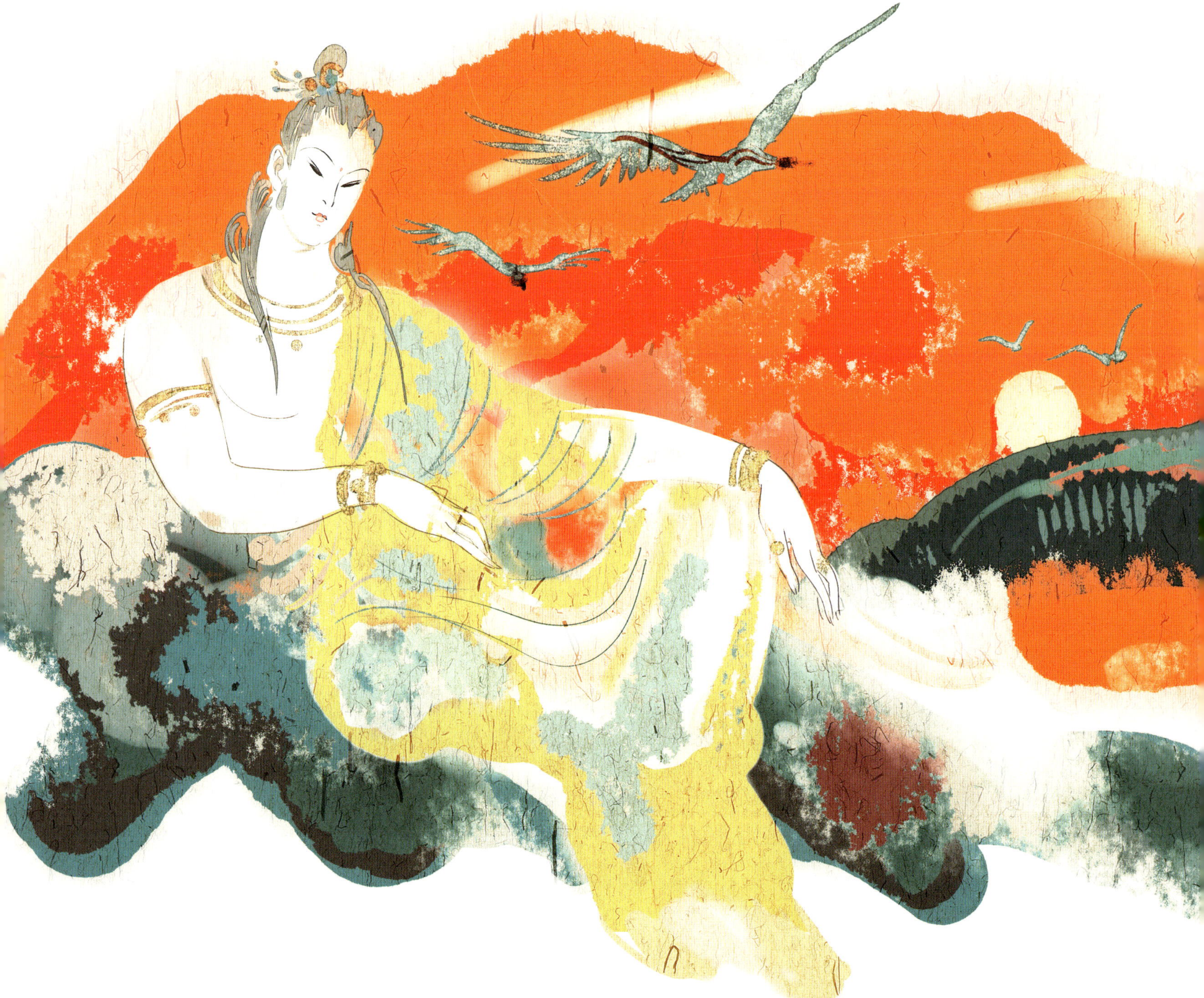

白帝少昊

◎ 出自《西山经》

长留之山，其神白帝少昊(hào)居之。

其兽皆文尾，其鸟皆文首。

是多文玉石。实惟员神磈(wěi)氏之宫。

是神也，主司反景(yǐng)。

少昊：西方的天帝，号称金天氏。　　员神：古神名。一说即少昊。
磈：姓氏。本意为岩石高峻之貌。　　反景：景，通"影"。落日的反照。

说文

少昊是掌管西方的天神。他的母亲皇娥曾经独自乘着木筏外出游玩，在远方的海边遇到一位俊美的少年，自称是白帝之子。白帝就是西方的天帝。皇娥和白帝之子一起在海上弹琴唱歌，度过了一段非常开心的日子。他们生下的孩子就是少昊，他身上流淌着白帝的血脉，长大之后就继承了白帝之位。

少昊停留在人间时，经常居住在西方群山中的一座长留山上。这座山非常神异美丽，各种鸟兽身上都长着华美的花纹，就连满地玉石上都透出漂亮的纹理。

长留山中还居住着一位磈姓的神灵，名叫员神，他掌管着落日的反照。因为太阳总是从西方落下，所以也有人认为，员神就是西方天帝少昊的别名。

红 光

◎ 出自《西山经》

泑(yōu)山,神蓐收居之。其上多婴脰(dòu)之玉,

其阳多瑾(jǐn)、瑜(yú)之玉,其阴多青、雄黄。

是山也,西望日之所入,

其气员,神红光之所司也。

婴脰:颈饰。婴,戴,系。脰,脖子。 **瑾、瑜**:美玉。
青:石青,又叫空青。青所代表的矿石是共生的蓝铜矿(石青)和孔雀石(石绿),可入药、制作颜料。 **员**:通"圆"。

说文

在西方的群山中,泑山是相当特别的一座。这不光是因为它物产丰富——漫山遍野都可以捡到能穿成项链的玉石珠子,而且山的阳面出产各种光洁无瑕的美玉,山的阴面满是能入药的石青和雄黄。

泑山的神奇之处在于,站在山顶可以清楚地望见太阳落下去的轨迹,还能看到落日正圆形的光晕,它由一位叫作红光的神灵所执掌,红光这个名字,大概就来自日落时的满天霞光。

秋神蓐收也住在这座山上。所以也有人说,红光就是蓐收的别名。你觉得这种说法有没有道理呢?

11

句芒

◎ 出自《海外东经》

东方句芒^{gōu máng}，鸟身人面，乘两龙。

句芒：木神、春神。

说文

古人把一年划分为春夏秋冬四季，每个季节都有对应的神灵、颜色和象征物。在春天，草木发芽生长，满眼怡人的青绿，所以古人认为，代表春天的颜色是青色，是树木的象征。作为掌管春天的神灵，句芒也就顺理成章地成为木神了。

句芒的长相也和古人对春天的印象有关。他们观察到，燕子飞回的时候，春天就来了，好像是飞翔的鸟儿带来了春天。所以，句芒虽然长着一张人脸，身体却像飞鸟一样，能够轻盈地在天空飞翔。不过，在句芒飞翔的时候，身边始终伴随着两条龙，展示着神灵的威仪。

13

14

祝 融

◎ 出自《海外南经》

南方祝融,兽身人面,乘两龙。

祝融:火神、夏神。

说文

说起南方,就让人想到烈日与炎夏这对搭档。夏天以火为象征,以红色为代表色,身兼夏神与火神的祝融自然应该是一位性如烈火的神灵,关于他的传说,往往充满了杀伐之气。

作为火神,祝融曾经战胜过水神共工,令共工一怒之下撞倒了不周山。在商汤讨伐夏桀的战争中,天帝也曾令祝融在夏朝都城内制造火灾,使得商汤轻易获胜,成为天下之主。他有时也在神灵中担任处刑者的角色,曾经在羽渊杀死违逆天帝命令的另一位大神——鲧(gǔn)。

祝融长着野兽的身体,人的面容,当他乘着两条龙出现的时候,夏天的酷烈与威严就扑面而来了。

蓐收

◎ 出自《海外西经》

西方蓐^{rù}收，左耳有蛇，乘两龙。

蓐收：秋神、刑神。

说文

春秋时代，虢（guó）国国君梦见宗庙西边站着一位神灵。神灵的样子非常奇特，虽然长着人的脸，但是浑身长着白色的长毛，手脚像老虎的爪子，手中还拿着长柄的青铜钺（yuè）。他庄严地宣布："天帝将让晋国来讨伐你们。"六年之后，虢国果然被晋国灭了。

这位宣告虢国将要灭亡的神灵就是蓐收。他还有另外一种形象：左耳上盘着蛇，乘着两条龙。蓐收是西方天帝白帝少昊的副手，白色和西方都是秋天的象征，蓐收便被称作秋神。到了秋天，大地上万物凋落，一片肃杀，所以古人认为蓐收掌管着上天的刑罚。由于西方是日落的方向，也有人说，蓐收和掌管落日的红光是同一位神。

禺强

◎ 出自《海外北经》　　　　　　　◎ 亦见《大荒北经》

北方禺(yú)强，人面鸟身，珥(ěr)两青蛇，践(jiàn)两青蛇。

北海之渚中，有神，人面鸟身，珥两青蛇，践两赤蛇，名曰禺强。

禺强：冬神、水神。　珥：在耳朵上装饰。　践：踩踏。

说文

　　禺强住在北海之中，是从西北方的不周风中诞生的神灵。传说，北方的大海非常寒冷，海水不是湛蓝的，而是接近于黑色，黑色正是冬天的代表颜色。不周风也是只在冬天才会吹起的风，会给人间带来寒冷与死亡。所以，禺强既是北海的水神，又是冬神。他的另一个名字叫作玄冥，是阴暗幽深的意思，这正是古人对寒冷冬天的印象。

　　禺强的样子和春神句芒很像，都长着人脸和鸟的身体，但是禺强的双耳上各盘着一条青蛇，两只鸟爪下面也各踩着一条蛇，这就让他看起来比乘着龙的句芒要奇异可怕多了。

19

陆 吾

◎ 出自《西山经》

昆仑之丘，是实惟帝之下都，神陆吾司之。

其神状虎身而九尾，人面而虎爪。

是神也，司天之九部及帝之囿(yòu)时。

下都：在人间的都邑。　天之九部：古人认为天被划分为九块，有明确的界线。
囿：供帝王游猎的园林。

说文

　　天帝多数时候居住在高高的天上，当他下到人间时，所居住的地方就被称为地上的都城。这座地上的都城可不是我们想象中的繁华大都市，而是在西方群山中也显得特别高大雄伟的昆仑山。

　　神灵陆吾就住在昆仑山上。他的样子像是一只有九条尾巴的大老虎，只不过长着一张人脸。整座昆仑山的花草鸟兽、大小神灵，都归陆吾管辖，可以说，他就是天帝在人间这座都城的市长。如果天帝要到人间去，就会先问问陆吾，昆仑山里的情况如何，是否合适游玩。

　　陆吾还有更重要的工作，就是管理上天九大区域的分界，还有天帝花园中的季节变化。换句话说，他掌握着一部分天地之间的秩序。这么看起来，陆吾的形象是不是更威严了呢？

开明兽

◎ 出自《海内西经》

昆仑之虚(xū)，方八百里，高万仞(rèn)。

上有木禾，长五寻，大五围。

面有九井，以玉为槛(jiàn)。

面有九门，门有开明兽守之，百神之所在。……

昆仑南渊(yuān)深三百仞。

开明兽身大类虎而九首，皆人面，东向立昆仑上。

虚：同"墟"，高大的山。　仞：古代长度单位。周代一仞为八尺，汉代为七尺。
寻：古代长度单位，一般认为一寻为八尺。　槛：栏杆。

说文

　　昆仑山有多高大呢？它的占地面积横纵最长都达到八百里，从山脚到山巅大概有七八万尺那么高，南边还有一道几千尺的深渊，地势非常险峻。作为天帝的人间都城，昆仑山上有很多神奇的东西：有比树还高的稻谷，五个人伸开双臂连在一起才能把它合抱起来；还有九口仙井，都围着美玉雕刻的栏杆。

　　一只叫开明的神兽守卫着昆仑山东方的九重门，避免闲杂人等闯进这座众神聚集的仙山。开明兽和陆吾神很像，都长着人脸和大老虎的身子，它只有一条尾巴，却有九个头，可以同时关注四面八方的风吹草动，对守卫来说，真是非常方便呀。

23

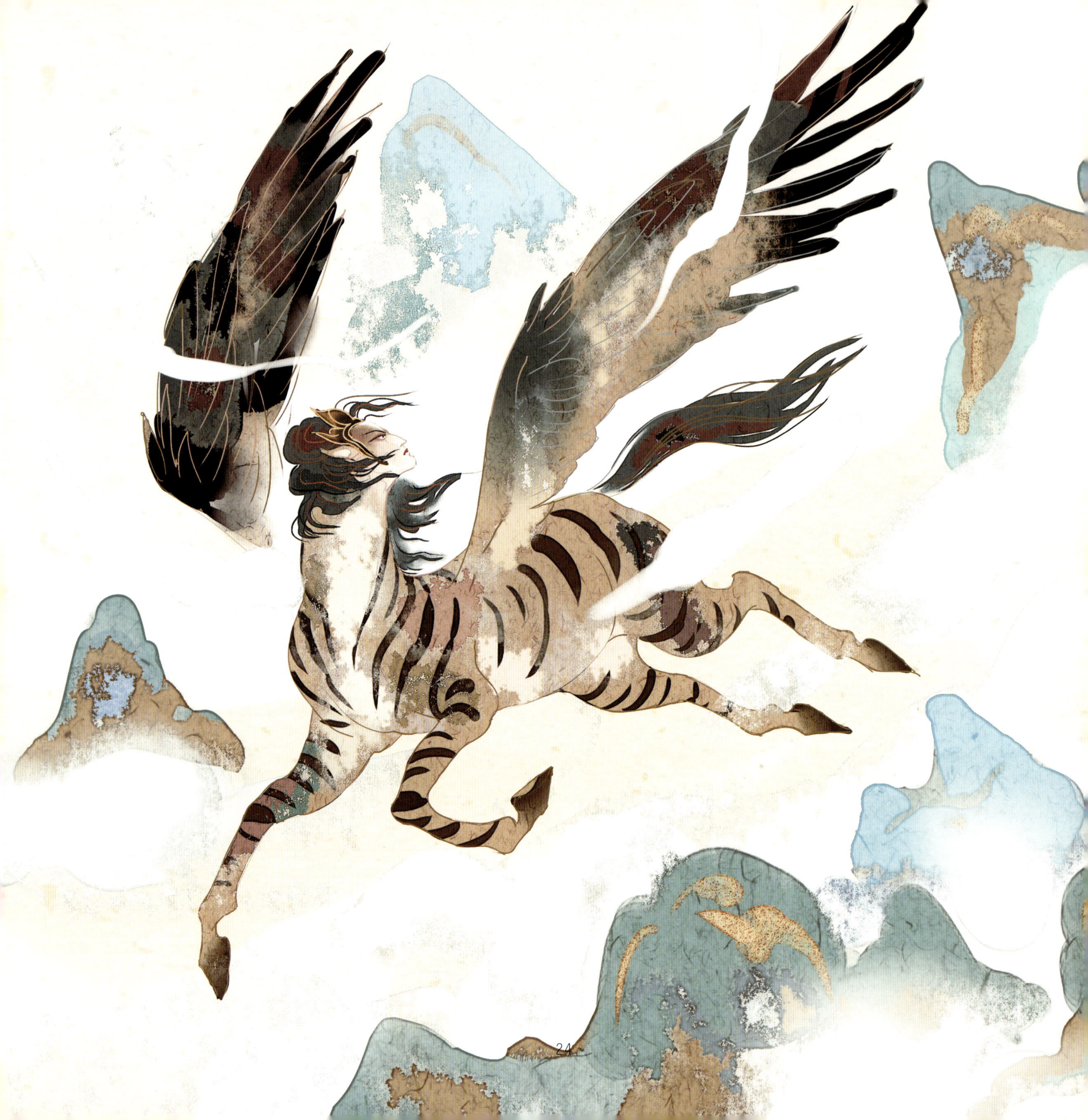

英 招

◎ 出自《西山经》

槐江之山，丘时之水出焉，而北流注于泑水。

其中多蠃母，其上多青、雄黄，多藏琅玕、黄金、玉，

其阳多丹粟，其阴多采黄金、银。

实惟帝之平圃，神英招司之，

其状马身而人面，虎文而鸟翼，徇于四海，其音如榴。

蠃母："蠃"同"螺"，蜗牛。　**琅玕**：如珠玉的美石。　**丹粟**：细颗粒状的丹砂。
平圃：即悬圃，天帝的园林。　**徇**：巡行。

说文

　　槐江山在昆仑山的东北，在这里还可以望见昆仑山的瑞气神光。丘时河从山中发源，向北流去，汇入泑河。这是一座物产丰富的山，山中遍地都是漂亮光润的石头，出产上好的石青、雄黄、美玉、丹砂，黄金和白银上都布满美丽的纹理，河水里还可以捞起很多圆圆的蜗牛。

　　这座宝藏之山就是天帝的园林——悬圃，由神灵英招管辖。英招长着马的身体，但是全身遍布虎纹，背上还有一对巨大的翅膀，如果不是那张人脸，他看起来就像一匹漂亮的飞马。他的速度非常快，巡视天下四方很方便，叫声如同抽水声。

　　槐江山和昆仑山一样神秘美丽，又都在遥远的西方，古人在故事里渐渐把它们混为一谈。所以后来也有人说，悬圃在昆仑山上。

西王母

◎ 出自《西山经》

……玉山，是西王母所居也。西王母其状如人，豹尾虎齿而善啸（xiào），蓬（péng）发戴（dài）胜，是司天之厉及五残。

啸：噘起嘴唇发出长长的叫声。　胜：戴在头上的花草形首饰。
厉：灾祸。　五残：星名，古代认为是凶星。　梯：倚靠。

◎ 亦见《海内北经》

西王母梯（tī）几而戴胜。其南有三青鸟，为西王母取食。在昆仑虚北。

◎ 亦见《大荒西经》

昆仑之丘……有人戴胜，虎齿，有豹尾，穴（chǔ）处，名曰西王母。

说文

我们在《西游记》里看到的西王母，是一位端庄美丽的女仙，人吃了她的蟠桃就能够长生不老。但是在古老的神话里，则保留着她原始和野性的一面。

西王母也是一位和昆仑山有关的仙人。有人说她住在昆仑山附近的玉山里，也有人干脆说她就住在昆仑山。她的模样和人差不多，头上戴着漂亮的首饰，但是头发没有梳好，乱蓬蓬的，一张嘴就露出锋利的虎牙，身后还拖着一条满是花斑的豹尾。她住在山洞里，经常发出长长的叫声，震动山谷，身边有三只红头黑眼的青鸟负责为她觅食。

这样一位掌握着灾祸和刑杀力量的西王母，是不是有点可怕呢？但是随着文明的发展，人们逐渐克服了对洪荒之力的恐惧，她的形象也就变得温柔可亲了。

27

烛 阴

○ 出自《海外北经》　　　　　　　　　　　○ 亦见《大荒北经》

钟山之神，名曰烛阴，视为昼，瞑(míng)为夜，吹为冬，呼为夏，不饮，不食，不息，息为风，身长千里。在无綮(qǐ)之东。

其为物，人面，蛇身，赤色，居钟山下。

西北海之外，赤水之北，有章尾山。

有神，人面蛇身而赤，身长千里，直目正乘(shèng)，其瞑乃晦(huì)，其视乃明，不食不寝(qǐn)不息，风雨是谒(yè)。

是烛九阴，是谓烛龙。

瞑：闭目。　直目：眼睛竖着长。　正乘：正面凸起，类似三星堆出土的"纵目面具"。古人认为凸起的眼睛像千里眼，可以看到无穷的远方，代表了神祇或祖先高瞻远瞩的神力。　谒：拜谒。

说文

  大多数人都认为，昼夜变化是因为太阳和月亮交替越过天空，照亮黑夜，但是也有神话说，世上的白天和夜晚都来自一位叫作烛阴的神灵。他住在无启国的东边。

  烛阴是一条长着人脸的红色巨蛇，住在非常遥远寒冷的北方深山里。他的一双眼睛非常神奇，一般人的眼睛都是横着的，但是烛阴的眼睛是竖着的，而且向外凸起。烛阴睁开眼，人间就有了明亮的白昼，他闭上眼，大地就被黑夜笼罩，烛阴这个名字就来自他照亮人间的神力。因为他的蛇身和龙很像，所以又叫烛龙。

  烛阴的力量非常强大，他不吃不喝，也不用睡觉，只是经常吞吐着风雨。他呼出寒气，人间就陷入隆冬，吹出暖气，大地就进入盛夏。在烛阴的眨眼之间和呼吸当中，世上就有了昼夜和四季。

泰逢

◎ 出自《中山经》

和山，其上无草木而多瑶、碧，实惟河之九都。

是山也，五曲，九水出焉，

合而北流注于河，其中多苍玉。

吉神泰逢司之，其状如人而虎尾，

是好居于萯(bèi)山之阳，出入有光。

泰逢神动天地气也。

河之九都：黄河九条支流汇聚之处。

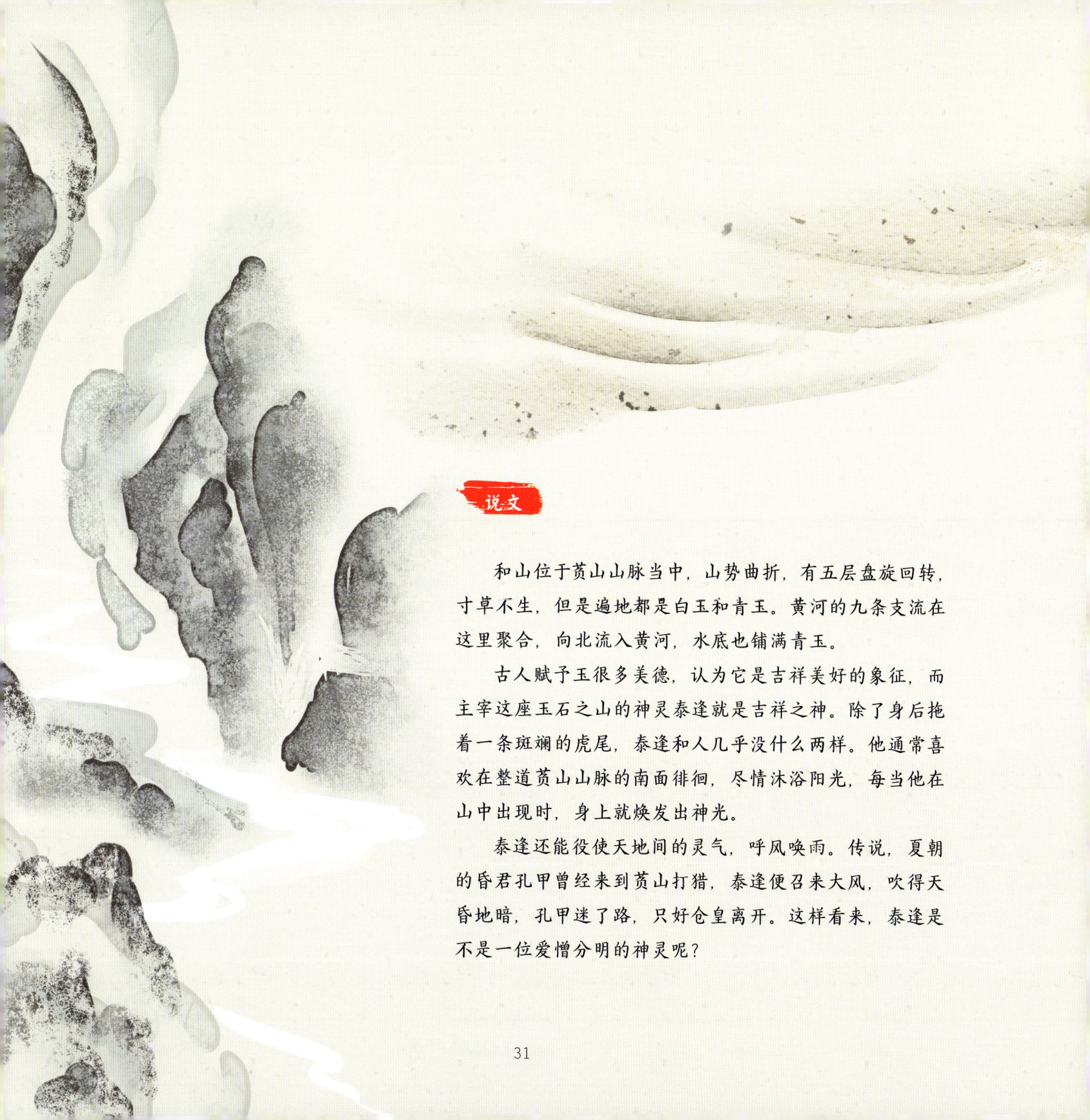

说文

和山位于贲山山脉当中,山势曲折,有五层盘旋回转,寸草不生,但是遍地都是白玉和青玉。黄河的九条支流在这里聚合,向北流入黄河,水底也铺满青玉。

古人赋予玉很多美德,认为它是吉祥美好的象征,而主宰这座玉石之山的神灵泰逢就是吉祥之神。除了身后拖着一条斑斓的虎尾,泰逢和人几乎没什么两样。他通常喜欢在整道贲山山脉的南面徘徊,尽情沐浴阳光,每当他在山中出现时,身上就焕发出神光。

泰逢还能役使天地间的灵气,呼风唤雨。传说,夏朝的昏君孔甲曾经来到贲山打猎,泰逢便召来大风,吹得天昏地暗,孔甲迷了路,只好仓皇离开。这样看来,泰逢是不是一位爱憎分明的神灵呢?

武 罗

◎ 出自《中山经》

青要之山，实惟帝之密都。

北望河曲，是多驾鸟。

南望墠渚，禹父之所化，是多仆累、蒲卢。

魃武罗司之，其状人面而豹文，

小要而白齿，而穿耳以镰，其鸣如鸣玉。

是山也，宜女子。

要：通"腰"。 密都：幽静的隐居之地。 驾鸟：野鹅。
墠：郊外经过清除平整的土地。古音读 tián。 仆累：蜗牛。
蒲卢：贝类。 魃：鬼中的神灵。 镰：金银制成的耳环。

说文

如果天帝想要来到人间,不受打扰地度过一段日子,他会选择青要山作为自己隐居的地方。这是一座山水灵秀的仙境,向北望去就是曲折的黄河,河上时常有野鹅飞过,山南的水泽中满是蜗牛和贝类,还有一片小沙洲,叫作埠渚,传说是大禹的父亲鲧化身而成的。

青要山神武罗的外貌就像一位美女。她的牙齿洁白,腰肢纤细,身上布满华丽的豹纹,一对耳环是金银制成的,声音就像两块美玉彼此碰撞一样清脆悦耳。所以有人说,这是一座非常适合女性居住的仙山,不然为什么连山神都是女性的样子呢?

骄虫

◎ 出自《中山经》

平逢之山,南望伊、洛,东望谷城之山,

无草木,无水,多沙石。

有神焉,其状如人而二首,

名曰骄虫,是为螫(shi)虫,实惟蜂蜜之庐。

螫虫:身上有毒刺可伤人的昆虫。 **蜜**:特指能产蜜的蜂类。
庐:居住之所。

说文

在中原地区，伊水和洛水的北边，谷城山的西边，有一座平逢山。山上没有任何水源和植被，全是沙砾和石头，环境非常恶劣。

这座秃山里住着一位神灵，名叫骄虫。他的模样像人，只不过长着两个脑袋。骄虫掌管着天下所有蜇人的毒虫，像蝎子、蜈蚣之类。但是他身边最多的是各种蜂类，无论产蜜的还是不产蜜的，都聚集在平逢山里，整座山就像是一个巨大的蜂窝，没有甜甜的蜂蜜，只有漫天飞舞的蜜蜂。如果有人路过这里，可千万要当心了。

鼍围

◎ 出自《中山经》

骄山，其上多玉，其下多青䨼（huò），

其木多松、柏，多桃枝、钩端。

神鼍（tuó）围处之，其状如人而羊角虎爪，

恒游于雎（jū）、漳（zhāng）之渊，出入有光。

青䨼：青色矿物，可制石青颜料。**桃枝**：竹节间隔四寸的竹子。**钩端**：竹子一类。**恒**：经常。

说文

　　骄山上出产各种玉石，山脚处可以开采一种青色的矿石，用它能够制成石青颜料。山上草木茂盛，长满了松树、柏树和各种竹子。

　　在骄山的南方，漳河流入雎河，它们的汇流处形成了一个深潭。骄山中的神灵𪓰围经常到这个深潭里游玩。𪓰围的样子像人，只是头上有一对羊角，双手像老虎的爪子。他有一种神奇的能力，每当在水中出现的时候，身体就会发出一道道闪光，这是为什么呢？容我们下篇分解。

计蒙

◎ 出自《中山经》

光山，其上多碧，其下多水。

神计蒙处之，其状人身而龙首，

恒游于漳(zhāng)渊，出入必有飘风暴雨。

说文

  光山坐落在漳河的附近。山中满是润泽如水的碧玉，山脚则被碧玉一样的流水环绕。这样漂亮的一座山，用青山绿水来形容，真是一点也不过分。

  山中住着人身龙头的神灵计蒙，他也像龙一样，能够行云布雨。计蒙经常在漳河最幽深的水域里游玩，每当他出现时，必定伴随着一阵大风雨。或许正是因为时常被雨水洗涤，光山的山水才会这么青翠可人。

  计蒙和蠹围住得不远，活动范围也很接近。如果他们两个同时出现的话，有闪光，有风雨，是不是很像一场雷雨呢？或许，蠹围和计蒙的存在，就是古人对雷雨成因的最早想象。

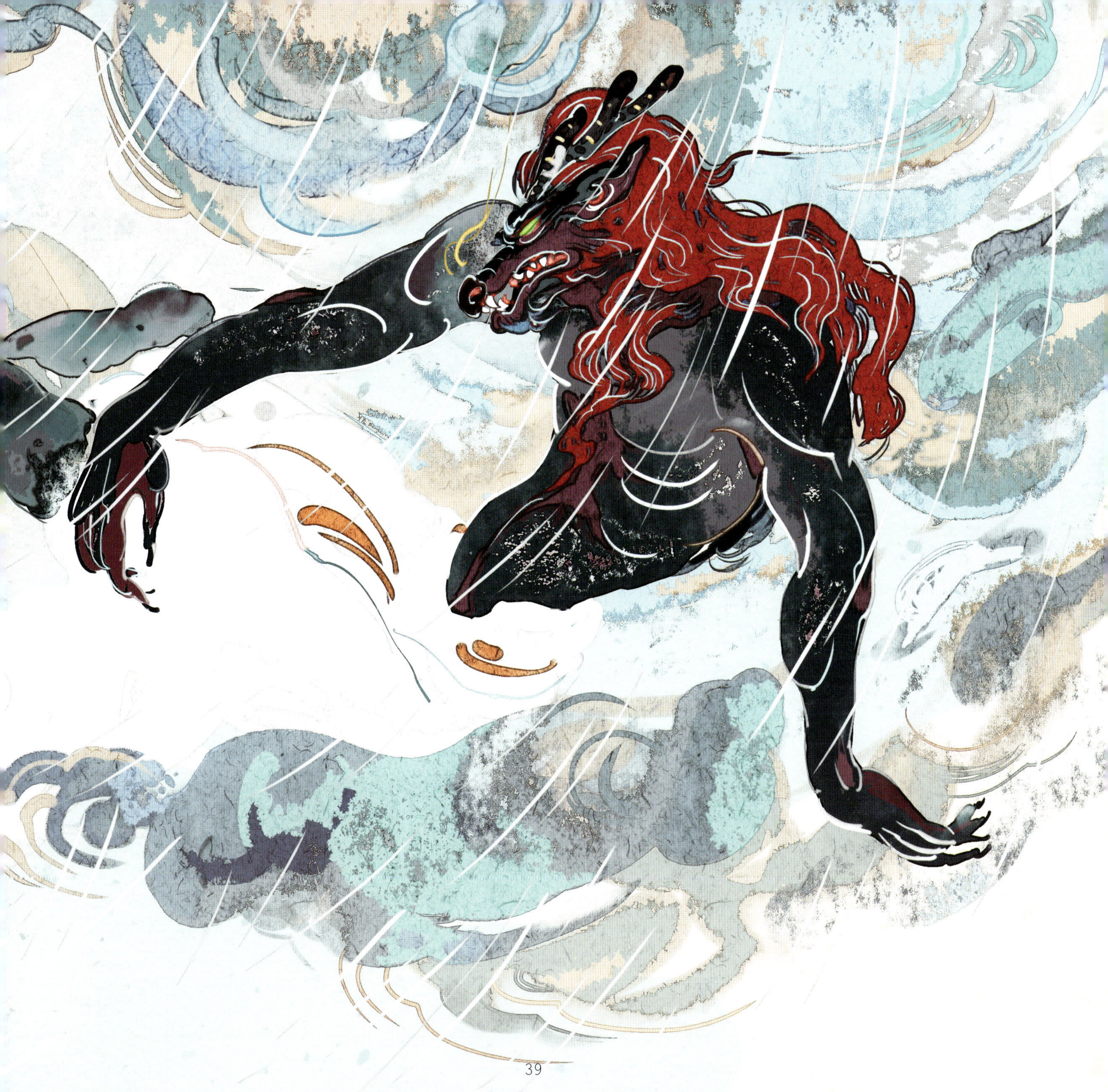

涉䰲

◎ 出自《中山经》

岐山，其阳多赤金，其阴多白珉（mín），其上多金、玉，其下多青䨼（huò），其木多樗（chū）。神涉䰲（tuó）处之，其状人身而方面三足。

珉：像玉的美石。　樗：臭椿。

说文

岐山也是一座物产丰富的山。山的南坡出产赤金，北坡出产光泽如玉的白石，这座山上盛产金属和玉石，山脚下有一片石青矿。山上的树木大多是臭椿，是一种笔直坚韧的好木材。

神灵涉䰲住在这里。他的脸庞方正，很有威严感，只不过长着三条腿，这就让他的形象非常与众不同了。我们都知道两条腿的人类是怎么走路的，可是，谁知道三条腿的神灵走起路来是什么样呢？

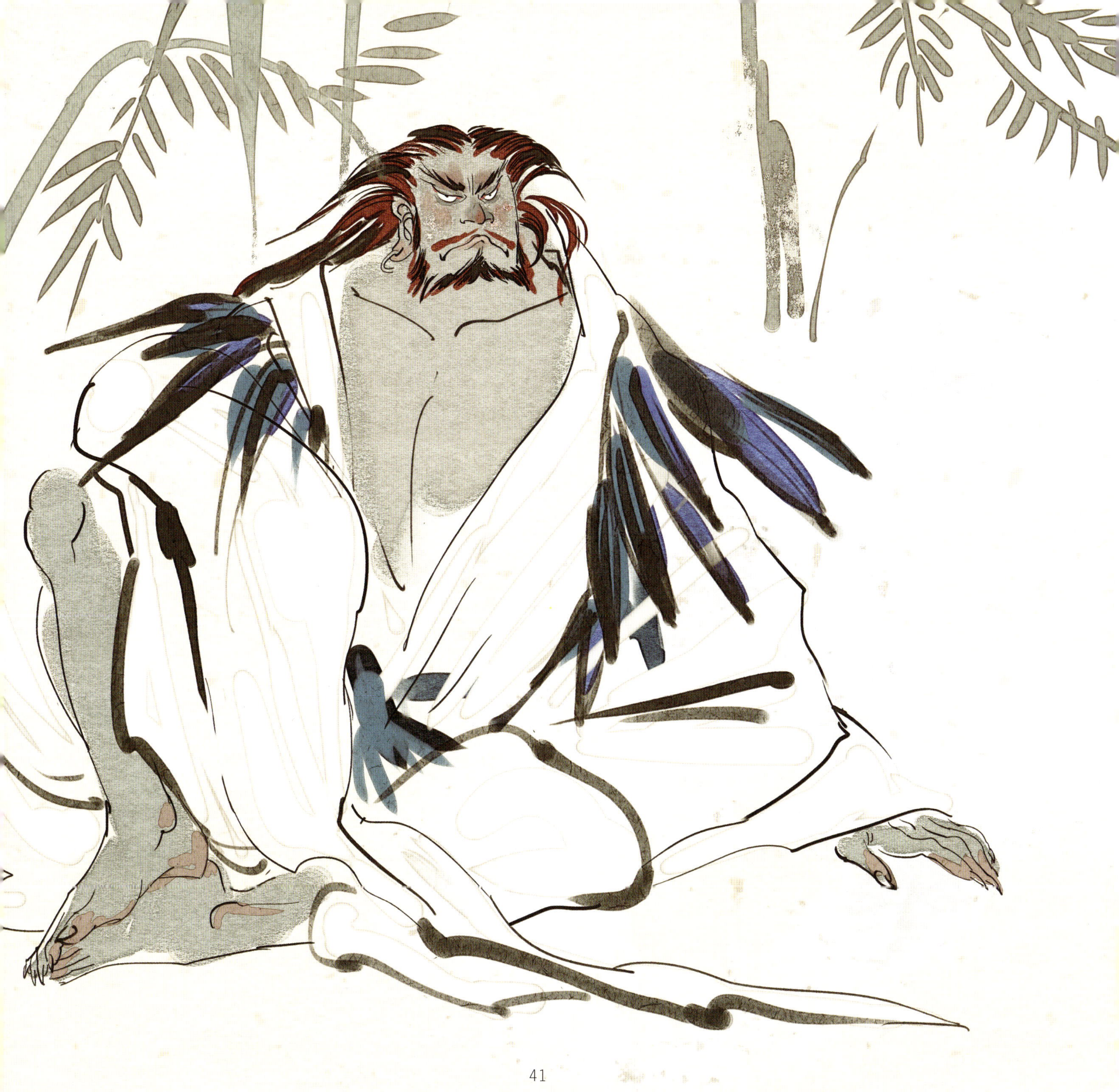

冰夷

◎ 出自《海内北经》

从极之渊，深三百仞，维冰夷恒都焉。

冰夷人面，乘两龙。一曰忠极之渊。

冰夷：即冯（píng）夷。黄河水神，河伯。　都：居住。
忠极：北极星。忠，通"中"。

说文

极北之地有一道深渊，名叫从极渊，北极星就在它的正上方闪耀。黄河的水神，也就是河伯，住在深深的水底。他的名字叫冰夷，透着北方水域的寒冷气息。由于冰的发音和冯（píng）相似，后来他也被叫作冯夷。

冰夷经常驾着两条龙在黄河上来往。据说，他曾经变成白龙出来游玩，被大英雄羿射瞎了一只眼睛。冰夷向天帝哭诉，天帝却责备他胡乱变化成动物的样子，没有谨守神灵的本分，才会让自己倒霉。

在战国时代，黄河流域的一些国家流行着很恶劣的风俗，每年都要把一个漂亮的女孩子打扮起来，扔到河里去，说是为河伯娶新娘。巫师们假冒河伯的名义恐吓民众：如果不这样做，黄河就会发大水。好在一位叫西门豹的能干官员制止了这种残忍的行为。

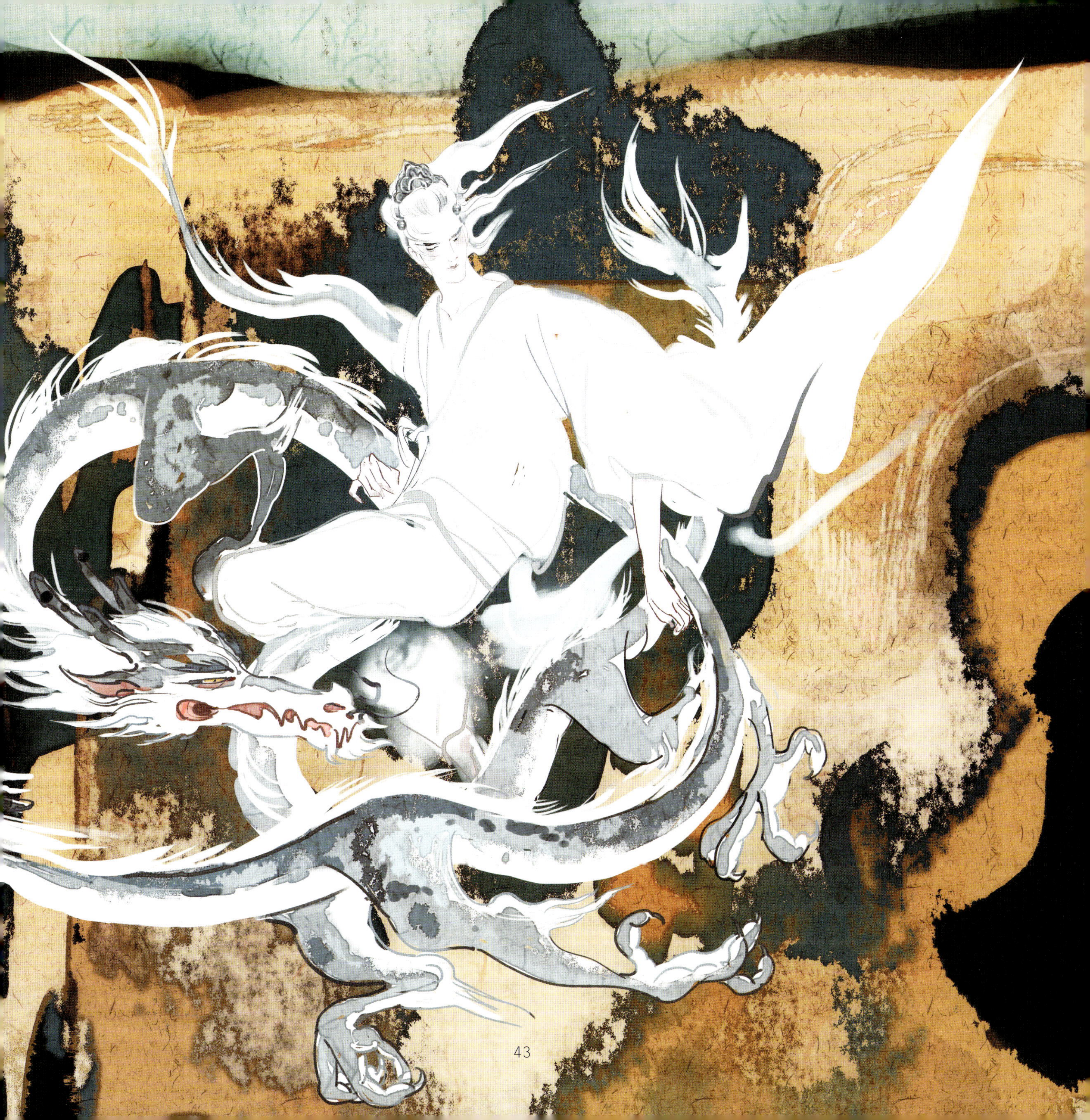

天吴

◎ 出自《海外东经》　　　　　　　　◎ 亦见《大荒东经》

朝阳之谷，神曰天吴，是为水伯。

在虹虹北两水间。
　　hóng

其为兽也，八首人面，

八足八尾，皆青黄。

有神人，八首人面，

虎身十尾，名曰天吴。

虹虹：虹霓并出的样子。　青：黑色。

说文

　　在东方海外，有一道向东的山谷，叫作朝阳之谷。每天清晨太阳升起时，这里都能最先沐浴到阳光。从这里向南望去，天空中永远挂着两道七彩的虹霓，仿佛通向仙境的拱门。

　　两条河流环抱着这座山谷，水神天吴就住在河畔。天吴只有脸是人的模样，其他部分都近似于野兽，而且比一般的野兽要奇特多了。他的身体像老虎一样，长着八颗头颅，八只脚爪，还有八条尾巴，皮毛的纹理黑黄相间。也有记载说，天吴长着十条尾巴。

　　在一些诗人的想象里，天吴是天下众水之神，如果天帝想要人间的地貌发生一些变化，就会派遣天吴把一整片大海移到别处去。原本是大海的地方变成了田地，原本是田地的地方变成了大海，这就是世人所说的沧海桑田。

45

雷 神

◎ 出自《海内东经》

雷泽中有雷神，龙身而人头，鼓其腹。

说文

在世界的东方有一片大湖，湖里住着龙身人头的神明，每当他敲打自己的肚子，就发出隆隆的雷声。于是世人称他为雷神，这片大湖也被命名为雷泽。

雷神的样子像龙多过像人，所以又被称作雷兽。传说，黄帝曾经在雷泽中寻找雷兽的骨头，制成鼓槌，用来击打夔兽皮做的鼓。夔兽的鸣叫也像雷声一样，这两重能带来雷声的神力叠加起来，让鼓声变得更加雄浑，能够传到五百里以外，于是，整个天下都敬畏黄帝的威严。

九凤·强良

◎ 出自《大荒北经》

大荒之中，有山名曰北极天柜，海水北注焉。

有神，九首人面鸟身，名曰九凤。

又有神，衔蛇操蛇，其状虎首人身，

四蹄长肘（zhǒu），名曰强良。

说文

  在北方海外的荒凉之地，有一座名为北极天柜的大山。北极，是形容它的遥远，天柜，则是描述它的功能。古人认为，整个世界是有边界的，大海也有它的尽头，所有向北流去的海水最后都会流进这座山里，就像被收进了一个巨大的柜子，从此再也流不出来。只有大自然才拥有这种神力，所以世人敬畏地把它称作天柜。

  这座山上住着两位神灵。一位叫九凤，是一只巨大的人面九头鸟。另一位叫强良，人身直立，但是长着虎头和马蹄，嘴里叼着一条蛇，两个前蹄上也各缠着一条蛇。神的生命是比人类长久的，他们在这里看海水无休止地流入天柜，不知道已经看了多少年。

49

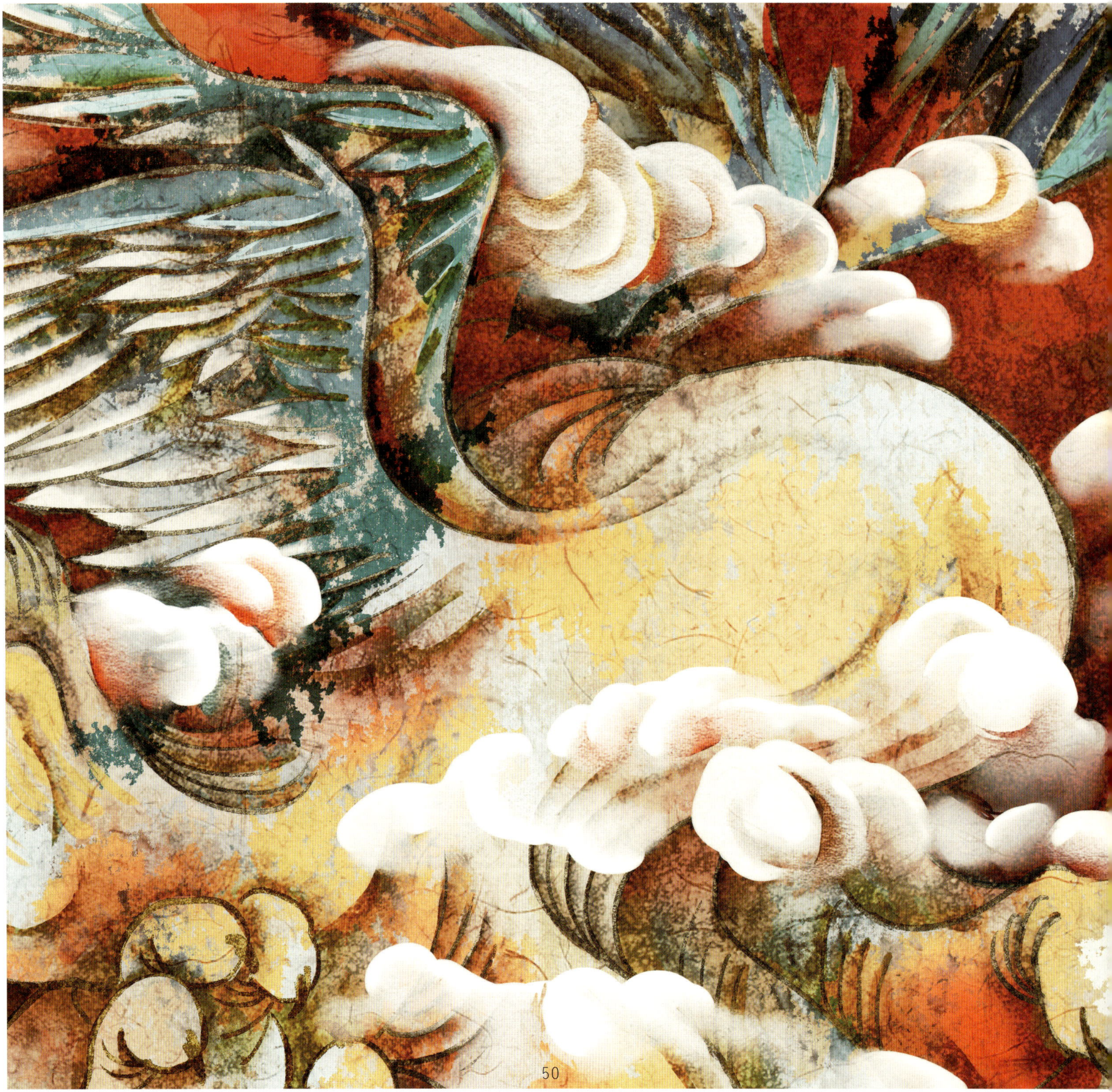

帝江

◎ 出自《西山经》

天山，多金、玉，有青、雄黄。

英水出焉，而西南流注于汤谷。

有神焉，其状如黄囊(náng)，赤如丹火，

六足四翼，浑敦(dūn)无面目，

是识歌舞，实为帝江也。

汤谷：太阳升起的地方。　浑敦：即"混沌"，模糊不清。
帝江：即"帝鸿"，古人认为帝鸿即黄帝。

说文

　　天山上主要出产黄金和美玉，也可以见到石青和雄黄。英河从山中发源，向西南流入汤谷。山中住着一位身份尊贵的神灵，名叫帝江。

　　帝江的样貌非常奇特，就算你绕着他看，也找不到他的头和脸在哪里，他的整个身体就像是一个圆鼓鼓的黄色布袋，上面长着六只脚，两对翅膀，还发出火焰般的红光。

　　没有脸就意味着没有眼睛、鼻子、耳朵、嘴巴，不能看不能听，不能闻不能说，如果有人不幸长成这个样子，一定会被活活闷死的。可是帝江不光活得好好的，还懂得观赏歌舞，这就是他神奇的地方了。后世故事中没有七窍的中央天帝混沌，就是从帝江的形象演变而来的。

竖亥

◎ 出自《海外东经》

帝命竖亥步，自东极至于西极，

五亿十选九千八百步。
　　　suàn

竖亥右手把算，左手指青丘北。

一曰禹令竖亥。一曰五亿十万九千八百步。

步：用脚步丈量土地。　选：万。　算：古代计算用的筹码，长六寸。

说文

竖亥是一位非常擅长走路的神人，所以天帝派他走遍天下，用自己的步伐测量这片土地。也有人说，是夏朝的建立者大禹派竖亥做了这项工作。

那么，古老的九州大地究竟有多宽广呢？根据竖亥的测量，从最东边到最西边，一共要走五亿十万九千八百步。这是横向的长度。至于纵向的长度，记载在《淮南子》这部书里，从北到南一共是两亿三万三千五百里又七十五步。

竖亥一边走，一边计算步数，同时还要保证自己的行走方向是笔直的，没有任何偏斜。所以他一只手拿着算筹，另一只手指着青丘国的北方，以这个国家作为固定的地标。这样一来，他的测量和计算就不会出错了。

54

雨师妾

◎ 出自《海外东经》

雨师妾(qiè)……其为人黑，两手各操一蛇，左耳有青蛇，右耳有赤蛇。

一曰在十日北，为人黑身人面，各操一龟。

说文

顾名思义，雨师妾是一位女神。她住在大海的东方，和羲和的十个太阳离得非常近，所以整个人都被晒黑了。她的左耳上盘着一条青蛇，右耳上盘着一条红蛇，双手各握着一条蛇。也有记载说，她手里拿的是两只灵龟。

古人认为，蛇是有灵性的，很多神灵和巫师身边都有蛇相伴，在求雨的时候也会用到蛇。至于乌龟，更是整天生活在水里，也有引动水汽的能力。雨师妾是雨神的夫人，自然能够役使龟蛇，降下雨水。

也有人认为，雨师妾是一个国家的名字，因为附近有一个国家叫黑齿国，当地的人也是黑皮肤，身边伴随着一红一青两条蛇，和雨师妾的形象非常相似。那么你觉得，雨师妾究竟是什么身份呢？

女 魃

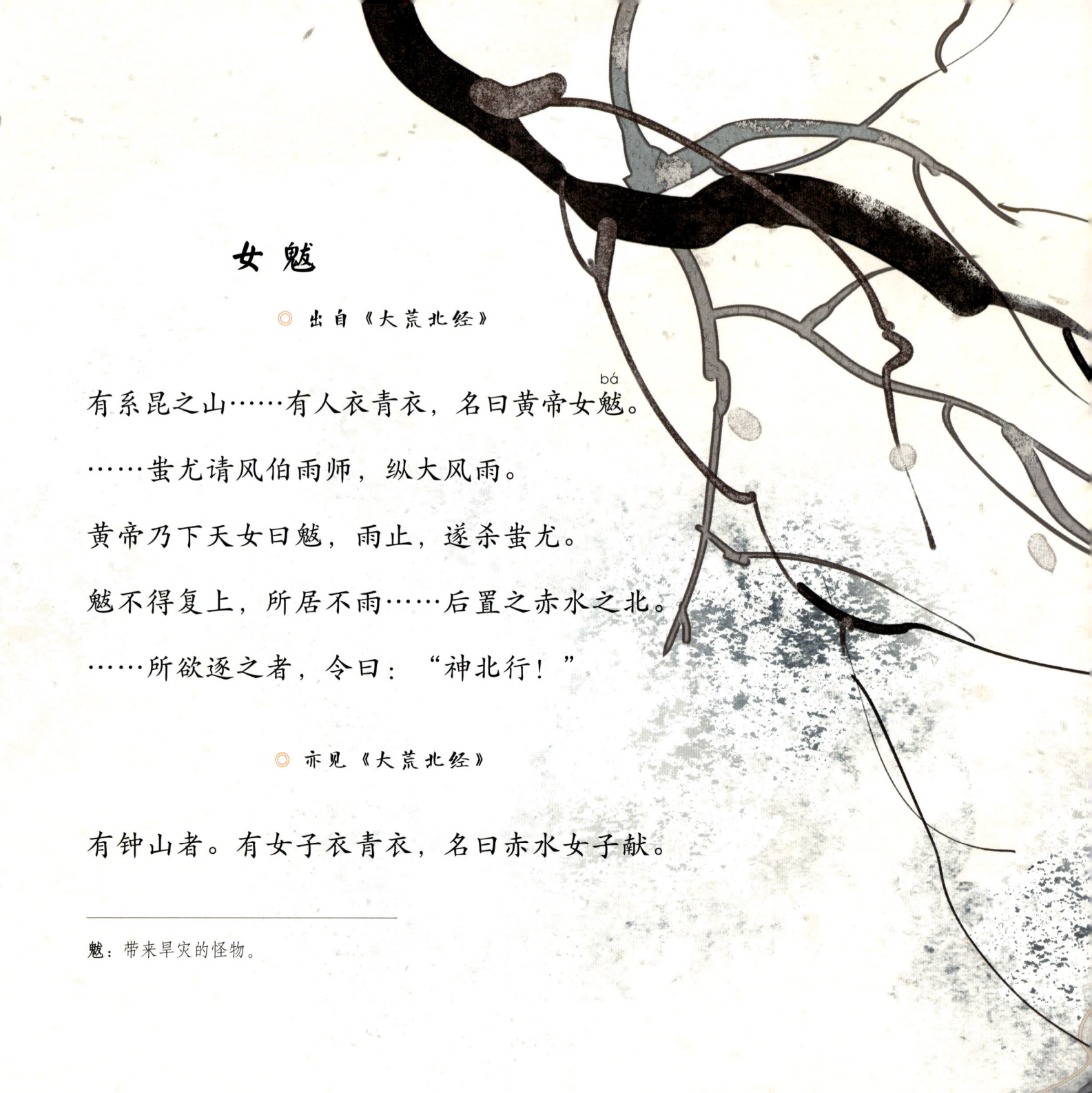

◎ 出自《大荒北经》

有系昆之山……有人衣青衣,名曰黄帝女魃(bá)。

……蚩尤请风伯雨师,纵大风雨。

黄帝乃下天女曰魃,雨止,遂杀蚩尤。

魃不得复上,所居不雨……后置之赤水之北。

……所欲逐之者,令曰:"神北行!"

◎ 亦见《大荒北经》

有钟山者。有女子衣青衣,名曰赤水女子献。

魃:带来旱灾的怪物。

说文

上古时期，黄帝和蚩尤争夺天下。在决战中，蚩尤请风伯、雨师降下狂风暴雨，致使黄帝的军队不能前进。于是黄帝从天上请下一位名叫魃的女神，她的神力是带来大旱，凡是她停留的地方，一滴雨都不会下，连水源都会干涸。

后来，风雨平息，黄帝战胜了蚩尤。但是女魃在人间使尽了她可怕的神力，再也没法回到天上了。地面上不下雨，禾苗没法生长，人们开始畏惧她，就呼喊着"女神啊，你向北去吧！"来驱赶她，最终把她赶到了遥远的赤水。她就在赤水北边的群山里徘徊，所以又被叫作赤水女子献。

也有人说，女魃其实是黄帝的女儿，是一位公主。她本来身份高贵，却为了天下和平，变成了人人害怕的怪物，是不是可敬又可叹呢？

应 龙

◎ 出自《大荒东经》

大荒东北隅中,有山名曰凶犁土丘。

应龙处南极,杀蚩尤与夸父,不得复上。

故下数旱,旱而为应龙之状,乃得大雨。

◎ 亦见《大荒北经》

蚩尤作兵伐黄帝,

黄帝乃令应龙攻之冀州之野。

应龙畜水。

◎ 亦见《大荒北经》

应龙已杀蚩尤,又杀夸父,

乃去南方处之,故南方多雨。

隅:角落。犁:通"黎"。

冀州:古代九州之一,主要包括今天的河北、山西。

畜:聚积。

说文

　　黄帝和蚩尤在冀州的原野上进行决战时，有一条长着双翅的神龙从天而降，帮助黄帝杀死了蚩尤。它的名字叫应龙。另有人说，追逐太阳的巨人夸父也是被应龙杀死的。但是，和女魃一样，应龙运用了神力之后，也不能再回到天上。于是它向东北飞去，一直飞到荒凉之地的尽头——一座名叫凶犁土丘的山上，从此就住在那里。

　　应龙的能力是控制水。在发生旱灾时，人们塑造应龙的形象来求雨，一定会下大雨。后来，应龙还曾再度出现在中原大地，帮助大禹治水。它用龙尾划开地面，形成深深的沟渠，将大地上漫延的洪水疏导到河海之中。传说现在的洛阳龙门就是应龙开凿的。也有人说，应龙其实去了大地的南方，所以南方到现在还潮润多雨。

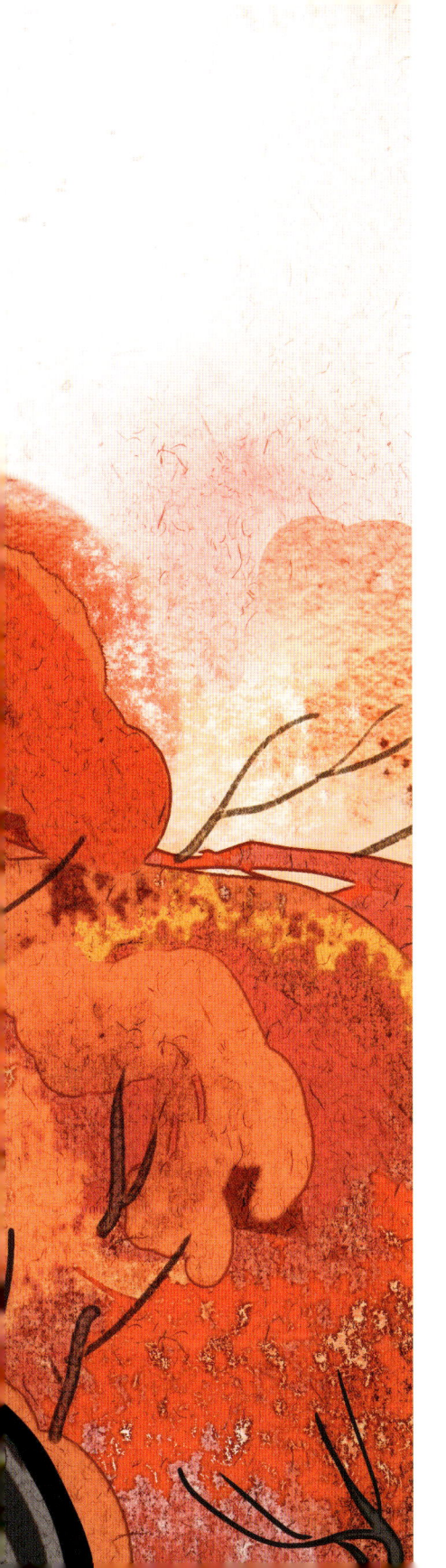

蚩 尤

◎ 出自《大荒南经》

有宋山者，有赤蛇，名曰育蛇。

有木生山上，名曰枫木。

枫木，蚩尤所弃其桎梏，是为枫木。

枫：枫香树。　桎：木质的足枷。　梏：木质的手枷。

说文

　　大荒南方有一座宋山。蚩尤被杀死后，原本用来禁锢他手足的木枷被丢弃在这里，日久通灵，化成了一片枫香树林。枫香树和我们熟悉的枫树长得非常像，但是它主要生长在温暖湿润的南方。每到秋天，整片树林的叶子都变得一片殷红，像是蚩尤被杀时流下的鲜血。也有人说，这些枫香树是黄帝用来杀死蚩尤的武器变的。

　　宋山中还有一种蛇，名叫育蛇。它的颜色也是赤红的，和枫香树的叶子颜色非常相配。可惜古书里面的记载太少，就不知道它和蚩尤有什么关系了。

夔

◎ 出自《大荒东经》

东海中有流波山,入海七千里。

其上有兽,状如牛,苍身而无角,一足,

出入水则必风雨,其光如日月,其声如雷,其名曰夔(kuí)。

黄帝得之,以其皮为鼓,橛(jué)以雷兽之骨,

声闻五百里,以威天下。

橛:通"撅",敲打。

说文

在非常遥远的东海中，有一座山叫流波山。山上住着一种神兽，样子像牛但是没有角，只长了一只脚，皮色青黑，名叫夔。夔在山海之间出现时，都有风雨伴随。它浑身发光，像日月一样明亮，吼叫的声音就像隆隆的雷声。

黄帝抓到了夔，用它的皮来制作鼓，又从雷泽找来雷兽的骨头做鼓槌。夔的叫声本来就像打雷，雷兽鼓动肚子，也能发出雷声，这些神奇的力量在神兽死后，还留存在它们的皮和骨头里。一面夔鼓的声音，五百里外都能听见。

黄帝和蚩尤打仗的时候，就敲起夔鼓来壮大声势。据说，他一共制作了八十面夔鼓，一齐敲响时，声音能传出将近四千里。在打败蚩尤，统一中原各部落之后，黄帝则用夔鼓来彰显自己的威严。

夏后启

◎ 出自《海外西经》

大乐之野,夏后启于此舞《九代》,

乘两龙,云盖三层。

左手操翳,右手操环,佩玉璜。

◎ 亦见《大荒西经》

西南海之外,赤水之南,流沙之西,

有人珥两青蛇,乘两龙,名曰夏后开。

开上三嫔于天,得《九辩》与《九歌》以下。

此天穆之野,高二千仞,开焉得始歌《九招》。

九代:乐舞名。　翳:舞者所持的羽毛华盖。
环:边与孔厚度相同的圆形玉璧。　璜:近似半璧形的玉饰。
嫔:通"宾",做客。　焉:于是。

说文

夏后启是大禹的儿子，夏朝的第二任君主。传说他曾经三次到天上去做客，把《九辩》《九歌》这些天上的盛大乐舞带到了人间，从此人间的礼乐文明就昌盛起来。

夏后启表演天之乐舞的场所，有人说在大乐之野，也有人说在天穆之野，总之是非常遥远、广大、庄严肃穆的地方。舞蹈之时，夏后启的模样已经近似神灵。他乘着两条龙，头顶罩着三层祥云的华盖，双耳各盘一条灵动的青蛇，左手挥舞华丽的羽饰，右手持着圆润的玉璧，腰间也佩着雕刻精致的美玉。可以想象，这些乐舞一定非常华美庄严，令人赞叹。

到了汉代，古人有了避讳的意识，认为本朝皇帝的名字十分神圣，平常书写中不能使用。汉景帝叫刘启，启和开的意思相似，夏后启就被改称夏后开了。

孟涂

◎ 出自《海内南经》

夏后启之臣曰孟涂,是司神于巴。

人请讼(sòng)于孟涂之所,其衣有血者乃执之,

是请生。居山上,在丹山西。

巴:古国,今重庆一带。　讼:打官司。
请生:有好生之德。　丹山:即今巫山。

说文

　　孟涂是夏后启的臣子,也具有神力,他掌管着夏王朝西南部的巴国一带,平时都住在附近的巫山上。孟涂的能力是辨别是非曲直。如果有人到孟涂这里打官司,请他判决谁是谁非,孟涂不需要双方宣读诉状,彼此责难,只需眼睛一扫,看哪个人的衣服上浮现出血痕,就知道他一定是理亏的一方,应该被抓起来。

　　孟涂心明眼亮,不放过任何恶行,但他也是一位爱护生灵,有慈悲心的神人,即便对于有过错的人,也不会滥施刑罚,而是让他们改过自新。无论在哪个朝代,有这样的官员,都是国家和人民的幸运。

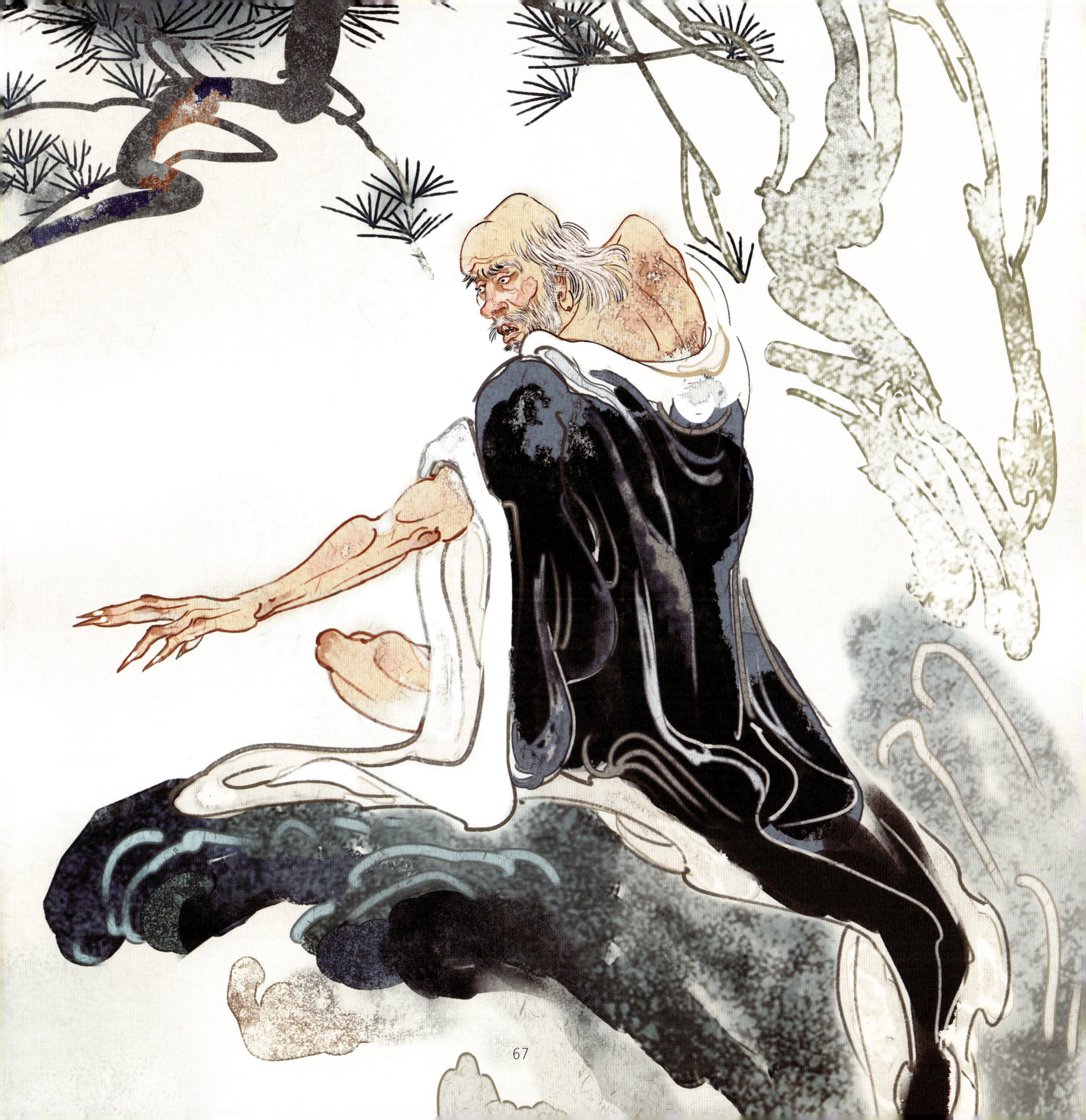

太子长琴

◎ 出自《大荒西经》

有摇(yáo)山,其上有人,号曰太子长琴。

颛(zhuān)顼(xū)生老童,老童生祝融,祝融生太子长琴,

是处摇山,始作乐风。

摇:大树。 **颛顼**:上古五帝之一,号高阳氏。 **风**:乐曲。

说文

大荒之西有一座山,因为山上长满大树,就被叫作摇山。太子长琴住在摇山上,他是上古五帝之一颛顼高阳氏的重孙,他的祖父叫作老童,父亲就是火神祝融。

比起威严雄烈的曾祖父和父亲,太子长琴更像他的祖父。传说,老童说话的声音就像敲击钟磬之类乐器一样,清亮而有节奏。太子长琴就继承了这种音乐天赋。可以猜想,或许在所有的乐器里,他最擅长弹琴,又或许他的声音就像琴声一样清澈动听,所以被叫作太子长琴。

比起祖父老童,太子长琴在音乐之路上走得更远。他在摇山之中谱写了很多乐曲,它们流传到人间,被不同国家和地方的人传唱,从此人间就有了歌谣。

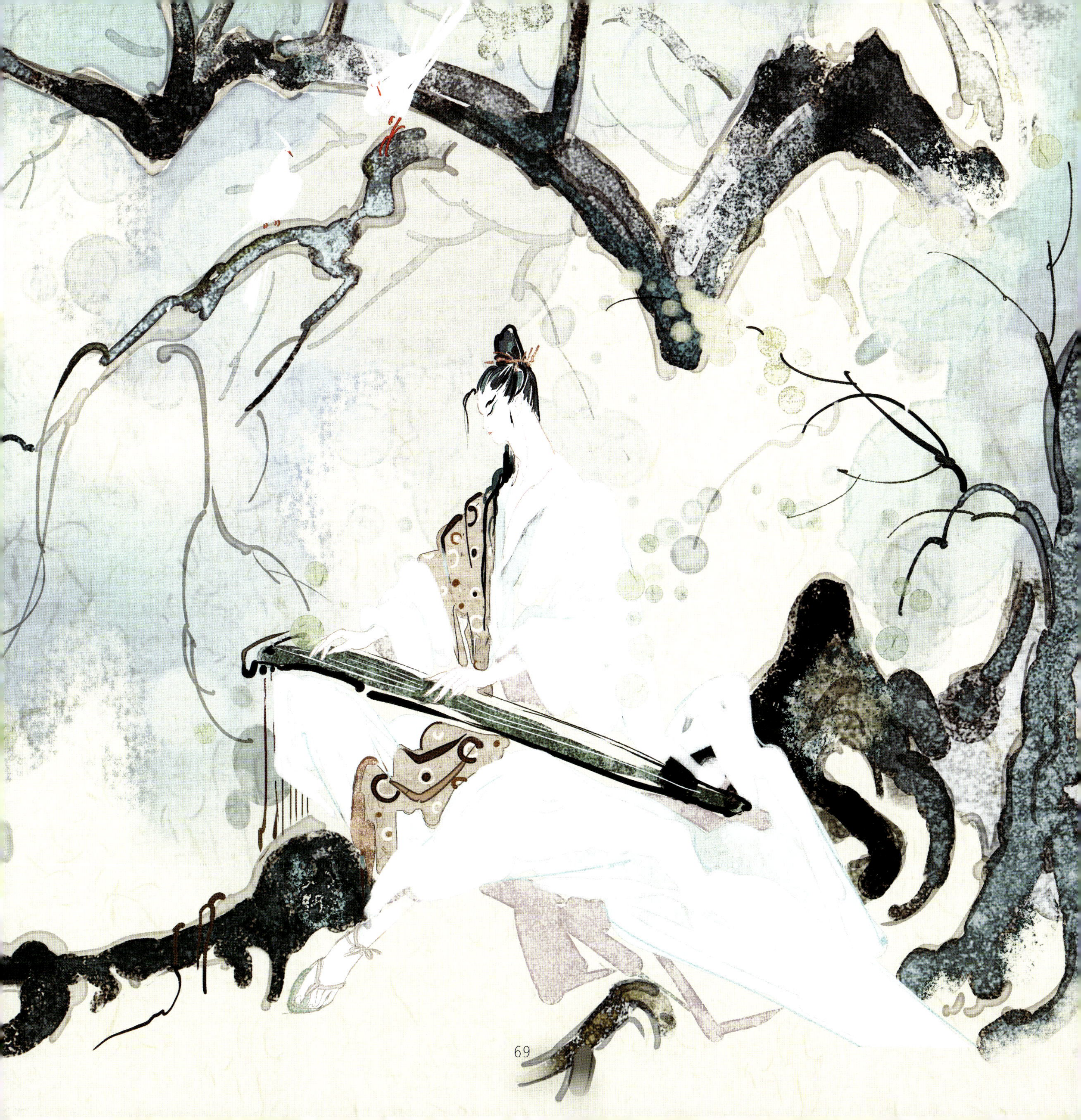

帝之二女

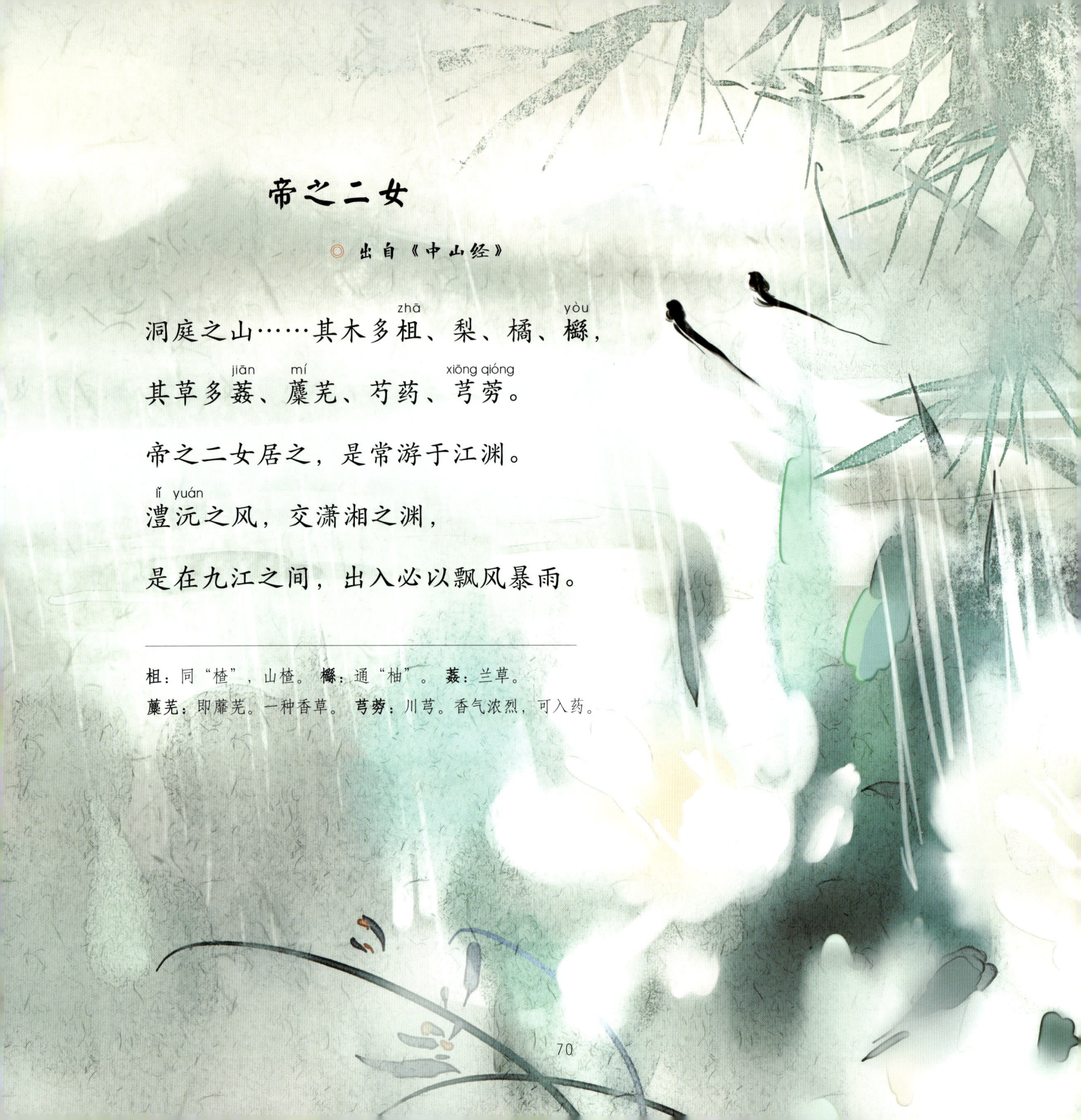

◎ 出自《中山经》

洞庭之山……其木多柤(zhā)、梨、橘、櫾(yòu)，

其草多葌(jiān)、藨(mí)芜、芍药、芎(xiōng)䓖(qióng)。

帝之二女居之，是常游于江渊。

澧(lǐ)沅(yuán)之风，交潇湘之渊，

是在九江之间，出入必以飘风暴雨。

柤：同"楂"，山楂。 櫾：通"柚"。 葌：兰草。
藨芜：即蘼芜。一种香草。 芎䓖：川芎。香气浓烈，可入药。

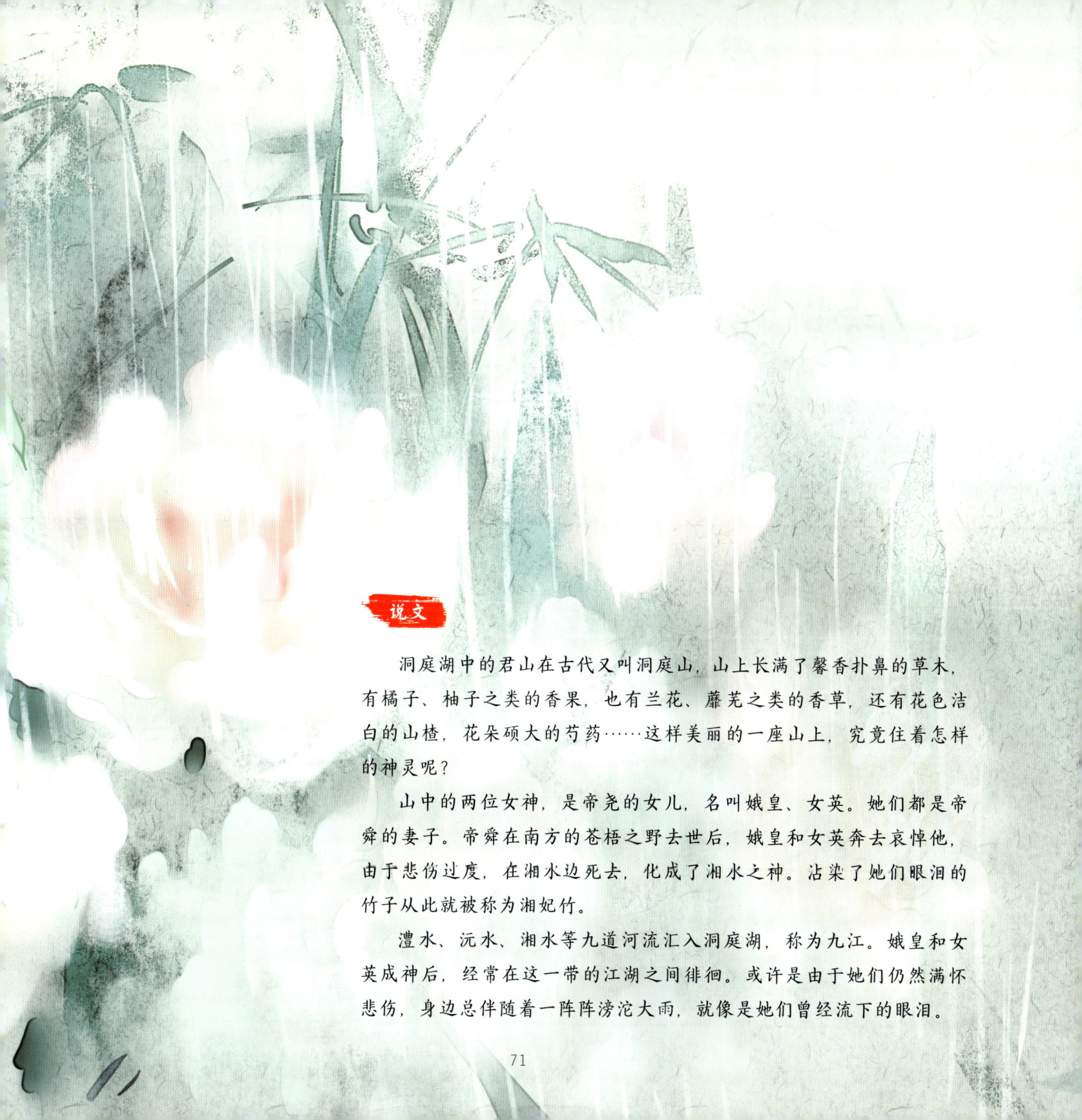

说文

  洞庭湖中的君山在古代又叫洞庭山，山上长满了馨香扑鼻的草木，有橘子、柚子之类的香果，也有兰花、蘼芜之类的香草，还有花色洁白的山楂，花朵硕大的芍药……这样美丽的一座山上，究竟住着怎样的神灵呢？

  山中的两位女神，是帝尧的女儿，名叫娥皇、女英。她们都是帝舜的妻子。帝舜在南方的苍梧之野去世后，娥皇和女英奔去哀悼他，由于悲伤过度，在湘水边死去，化成了湘水之神。沾染了她们眼泪的竹子从此就被称为湘妃竹。

  澧水、沅水、湘水等九道河流汇入洞庭湖，称为九江。娥皇和女英成神后，经常在这一带的江湖之间徘徊。或许是由于她们仍然满怀悲伤，身边总伴随着一阵阵滂沱大雨，就像是她们曾经流下的眼泪。

宵明·烛光

◎ 出自《海内北经》

舜(shùn)妻登比氏生宵明、烛光，处河大泽，二女之灵能照此所方百里。一曰登北氏。

灵：神光。

说文

雁门山北方有一片大湖，各种鸟群聚集在湖边。它们在这里出生，又飞回到这里死去，羽毛就飘落在湖水上。湖上住着两位女神，是帝舜和另一位妻子登比氏的女儿——宵明和烛光。

顾名思义，宵明和烛光的身上都笼罩着灿烂的神光。每到夜晚，她们在湖上漫游，这光芒就照亮了百里之内漫漫的黑夜与寂静的湖水，女神轻盈的身影在明光中穿行，仿佛梦境一样优美。

诸沃之野

◎ 出自《海外西经》

此诸沃之野,鸾(luán)鸟自歌,凤鸟自舞。

凤皇卵,民食之;

甘露,民饮之,所欲自从也。

百兽相与群居。在四蛇北。

其人两手操卵食之,两鸟居前导之。

沃:润泽肥美。

说文

　　四条神蛇护卫着轩辕黄帝曾居住过的山丘，山的北方有一片丰饶的土地，叫作诸沃之野。这里草木繁茂，生机勃勃，各种大小动物都和睦地住在一起，甚至还有很多美丽的凤凰和鸾鸟尽情地上下飞舞，发出悦耳的鸣叫。这里如此繁荣安宁，就像是仙人的住所。

　　住在诸沃之野的人，吃着普通人一辈子都未必见过的凤凰蛋，喝着上天降下的糖浆一样的露水，他们能够想到的一切都能如愿以偿。对于美食家们来说，这儿应该是他们做梦都想去一次的神奇国度吧。

都广之野

◎ 出自《海内经》

西南黑水之间,有都广之野,后稷葬焉……

爰有膏菽、膏稻、膏黍、膏稷,

百谷自生,冬夏播琴。

鸾鸟自歌,凤鸟自舞,

灵寿实华,草木所聚。

爰有百兽,相群爰处。

此草也,冬夏不死。

后稷:周人的祖先,农业始祖。 **爰**:发语助词。
膏:肥沃,甘美。 **菽**:豆类。 **黍**:黄米。
稷:粟。一说为高粱。 **播琴**:即播种。
灵寿:椐木。有枝节,天然可做手杖。

说文

后稷是周人的祖先，他教会了周人如何耕种百谷，被尊为农业之神。他去世后，被埋葬在西南方的都广之野。这是一片神奇的沃土，不光草木丛生，百兽聚集，有凤凰和鸾鸟飞舞鸣叫，还生长着各种各样的庄稼，它们的种子落进泥土里，不管是夏天还是冬天，都能发芽抽穗。而且，无论豆麦稻米，结出的果实都沉甸甸的，味道也特别甘美。

都广之野的百草和庄稼一年四季都不会凋零，还生长着一种叫作灵寿的树，它的花非常美味，果实能够让人长生不死。于是我们知道，带给人类农业知识和丰收喜悦的后稷虽然不在了，但他的神力还留在大地的一角，让这里丰饶繁盛，充满生机。

精卫

◎ 出自《北山经》

发鸠之山，其上多柘木。

有鸟焉，其状如乌，
文首、白喙、赤足，名曰精卫，其鸣自詨。

是炎帝之少女，名曰女娃。
女娃游于东海，溺而不返，故为精卫，
常衔西山之木石，以堙于东海。

詨：呼唤，大叫。　溺：沉没，淹没。　堙：填塞。

说文

炎帝的小女儿，名叫女娃。有一天，女娃到东海边去玩，想要好好地游个泳，但是天空变黑了，海上起了很大的风浪，吞没了她小小的身体。天晴之后，她却再没能够浮起来。

女娃的身体沉到了海底，灵魂却脱壳而出，变成了一只小鸟。它的样子像是乌鸦，但是比乌鸦漂亮，头顶有漂亮的花纹，喙洁白如玉，脚爪红得像珊瑚。人们时常听到它"精卫""精卫"地叫着，就叫它精卫鸟。

精卫还记得东海对它做过的一切。它一次次地飞到遥远的西山上，衔来树枝和石子，扔进东海，想把这片可恨的大海填平。东海那么大，精卫那么小，这要花多少时间呢？可是精卫并不在意，它日复一日，年复一年地飞翔着，人们都敬佩它的勇气和毅力。

夸 父

◎ 出自《海外北经》　　　　　　　　　◎ 亦见《大荒北经》

夸父与日逐走，入日。

渴欲得饮，饮于河渭，

河渭不足，北饮大泽。

未至，道渴而死。

弃其杖，化为邓林。

夸父国……其为人大，

右手操青蛇，左手操黄蛇。

邓林在其东，二树木。

大荒之中，有山名曰成都载天。

有人珥(ěr)两黄蛇，把两黄蛇，名曰夸父。

后土生信，信生夸父。

夸父不量力，欲追日景(yǐng)，逮(dǎi)之于禺(yú)谷。

将饮河而不足也，将走大泽，

未至，死于此。

邓林：桃林。　景：通"影"，影子。
逮：追上，捉到。　禺谷：日落之处。

说文

巨人夸父是后土神的后代,生活在成都载天山。他的双耳盘有黄蛇,双手各握一条黄蛇。夸父想要追上遥远的太阳,让太阳更好地为世人所用,就迈开有力的双腿出发了。但是在跑到日落之处时,因为太阳的炙烤,他觉得口干舌燥,身上冒火,难以忍受。于是,他跑向黄河和渭河,一口气喝干了这两条大河里的水,可是这还不够,他又想到北方的大湖去喝水,却因为干渴过度,终于倒在了成都载天山下。

临死之前,夸父把自己拄着的木杖远远地扔出去,手杖落地就变成了一片桃林。说是桃林,其实只有两棵特别大的桃树,但是枝繁叶茂,远看就像桃林一样。如果以后还有追逐太阳的人,他们来到这里,就可以吃几个桃子缓解干渴,怀念一下这位为他们开辟道路的古代英雄。

女丑之尸

◎ 出自《海外西经》　　　　　　　　◎ 亦见《大荒西经》

女丑之尸，生而十日炙(zhì)杀之。……以右手障(zhàng)其面。十日居上，女丑居山之上。

有人衣青，以袂(mèi)蔽面，名曰女丑之尸。

炙：火烤，烧灼。　障：遮挡。　袂：衣袖。

说文

在帝尧的时代，十个太阳忽然不听羲和的管束，一齐出现在天空中，不肯回家。它们玩得开心，大地可就遭了殃。河水干涸，土地开裂，禾苗枯焦，人和动物在强光和酷热下，眼看就要像追逐太阳的夸父一样，被活活热死。

这时，一位名叫女丑的女巫挺身而出。女丑本来住在海里，乘着一只大螃蟹四处游玩，看到世人的苦难，她心里难过，就换上一身象征水色的青衣，来到高山上试图求雨。但是十个太阳的光焰太可怕了，女丑的祈祷还没结束，已经忍受不住酷热而倒下了。临死的一刻，她还用衣袖挡着自己的脸，仿佛想隔绝那刺眼的强光。

后来，大英雄羿射下了九个太阳，终于拯救了人间。人们赞美羿，但是也没有忘记这位勇于牺牲的女巫。

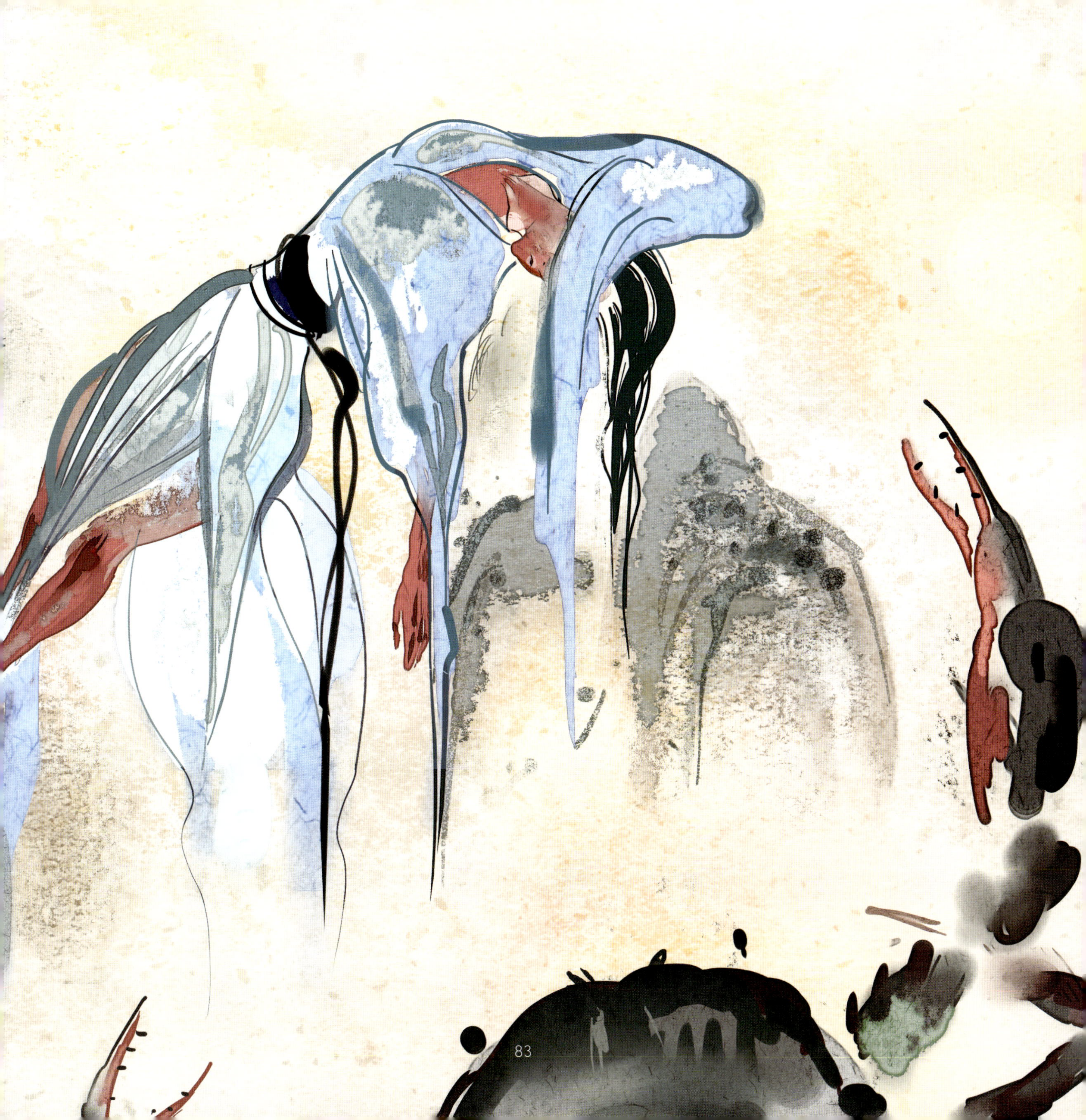

刑 天

◎ 出自《海外西经》

刑天与帝争神,

帝断其首,葬之常羊之山。

乃以乳为目,以脐为口,操干戚以舞。

干：盾牌。 戚：斧子。

说文

  传说,在中华民族的两位祖先炎帝和黄帝之间曾经发生过争夺天下的战争,这场大战以炎帝的失败而告终。刑天曾经是炎帝的臣子,为炎帝创作过歌舞,他对黄帝很不服气,于是放下乐器,拿起盾牌和斧头,决心与黄帝一战。

  刑天的反抗很快就失败了。黄帝砍下他的头颅,埋葬在常羊山上。常羊山是炎帝诞生的地方,黄帝把刑天葬在这里,或许也是因为赞赏他对炎帝的忠诚。

  但是刑天并不接受这个结局。他无头的身躯站了起来,把两乳当作双眼,把肚脐当作嘴,硬生生幻化出了一张人脸,继续挥舞着手中的武器,与黄帝抗争。这种永不言败、绝不妥协的勇气与执着,几千年来激励、感动了无数人。

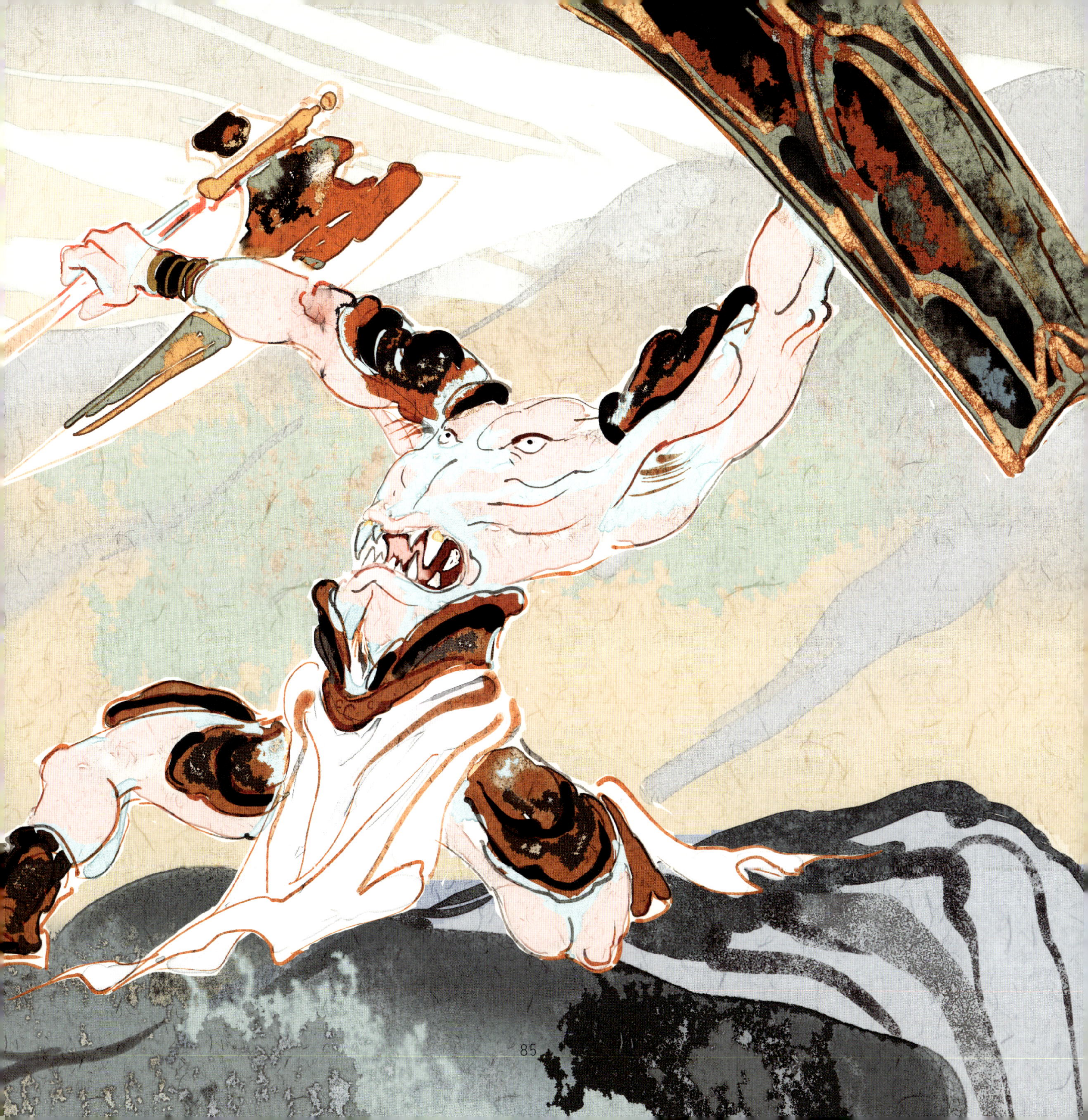

鼓

◎ 出自《西山经》

钟山，其子曰鼓，其状如人面而龙身，
是与钦䲹杀葆江于昆仑之阳，
帝乃戮之钟山之东曰崾崖。
……鼓亦化为鵕鸟，其状如鸱，赤足而直喙，
黄文而白首，其音如鹄，见则其邑大旱。

鸱：鹞鹰。 鹄：天鹅。

说文

钟山山神烛阴的儿子叫鼓，他长得和烛阴很像，都是人脸龙身。但是，鼓并不像他父亲烛阴那样与世无争，他和名叫钦䲹的神一起下手，谋杀了另一位神灵葆江。于是，天帝在钟山东边的崾崖处死了鼓和钦䲹。

这两个凶手却并不觉得自己该死，他们对天帝满怀怨恨，决意报复。因此，鼓的灵魂变成了鵕鸟，这种怪鸟长得像鹞鹰，但是喙是笔直的，毛色也比鹞鹰花哨多了。它头上的羽毛苍白，满身黄色的花纹，脚爪通红，出现在哪里，哪里就会发生大旱灾。钦䲹的灵魂则化作凶狠的大鹗，所到之处都带来战争。

鼓和钦䲹活着的时候，随意杀害其他的神灵，死后变成怪鸟，仍然大肆危害人间，真可以说是非常凶恶的神了。

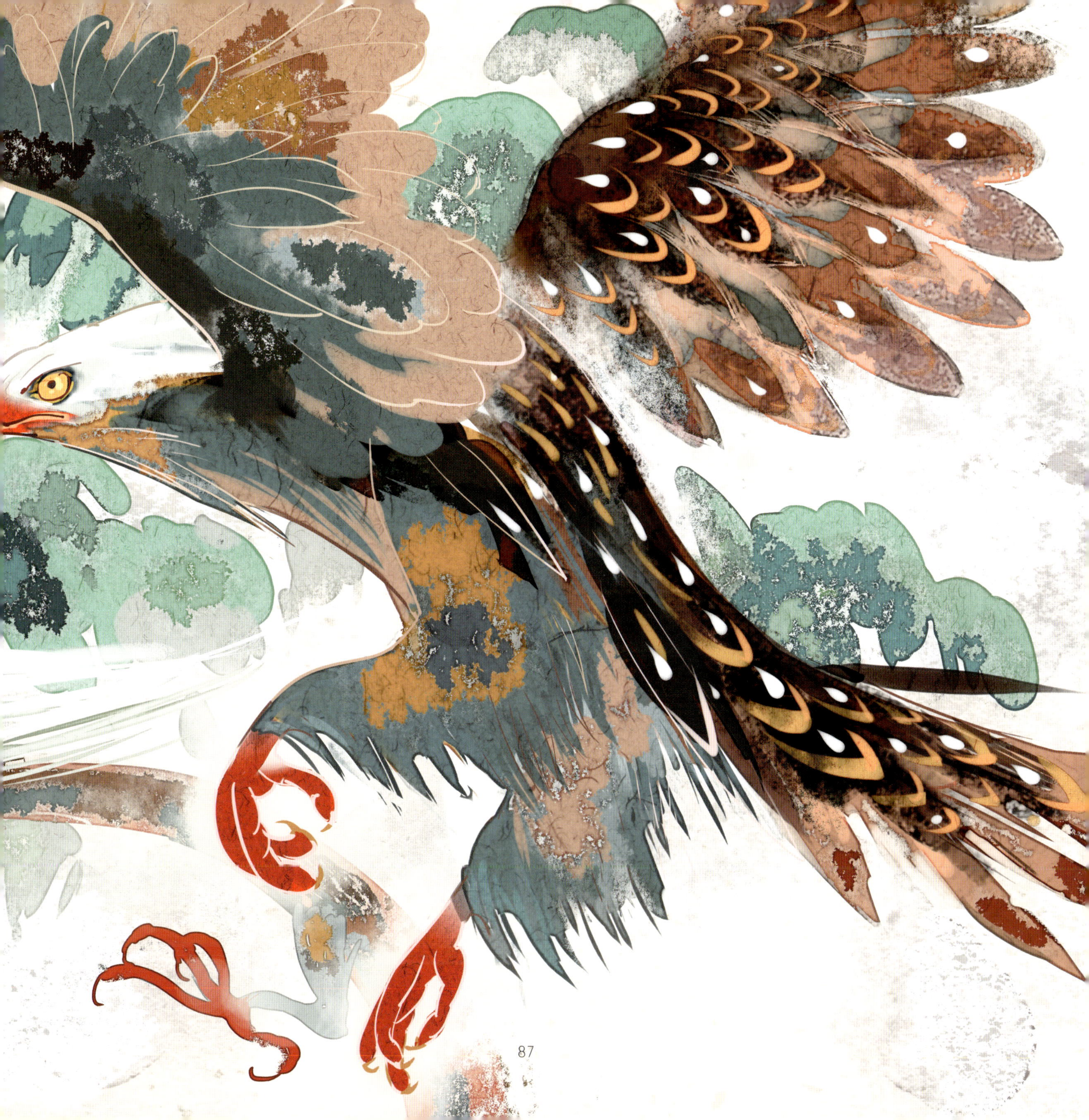

凿齿

◎ 出自《海外南经》

羿(yì)与凿(záo)齿战于寿华之野，羿射杀之。在昆仑虚东。羿持弓矢，凿齿持盾。一曰戈。

戈：古代用于钩杀的长武器。

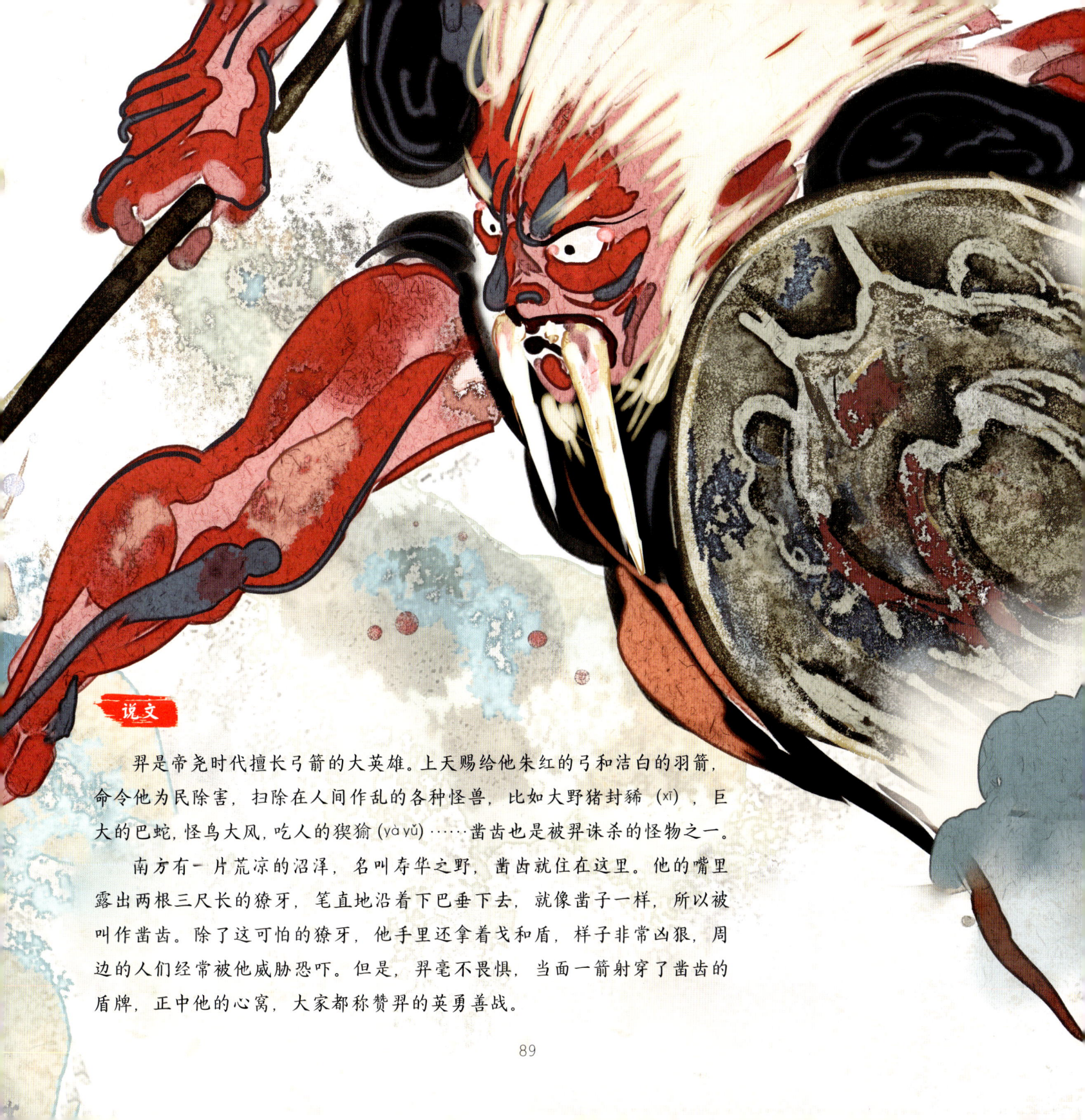

说文

羿是帝尧时代擅长弓箭的大英雄。上天赐给他朱红的弓和洁白的羽箭，命令他为民除害，扫除在人间作乱的各种怪兽，比如大野猪封豨（xī），巨大的巴蛇，怪鸟大风，吃人的猰貐（yà yǔ）……凿齿也是被羿诛杀的怪物之一。

南方有一片荒凉的沼泽，名叫寿华之野，凿齿就住在这里。他的嘴里露出两根三尺长的獠牙，笔直地沿着下巴垂下去，就像凿子一样，所以被叫作凿齿。除了这可怕的獠牙，他手里还拿着戈和盾，样子非常凶狠，周边的人们经常被他威胁恐吓。但是，羿毫不畏惧，当面一箭射穿了凿齿的盾牌，正中他的心窝，大家都称赞羿的英勇善战。

相柳氏

◎ 出自《海外北经》

共工之臣曰相柳氏（xiāng），九首，以食于九山。

相柳之所抵，厥（jué）为泽溪。

……相柳者，九首人面，蛇身而青。

不敢北射，畏共工之台。台在其东。

台四方，隅（yú）有一蛇，虎色，首冲南方。

厥：通"掘"，挖掘。　隅：角落。

说文

相柳是水神共工的臣子，在它住处的东边有一座四四方方的高台，叫作共工台。台下的一角盘着一条蛇，满身老虎一样的斑纹，蛇头朝向南方，就像是在守卫这里。因此，南方的人畏惧共工的威严，都不敢向北射箭。

虽然号称共工的臣子，但相柳并不是人，而是一条巨大的青色九头蛇，九个头上都长着人脸。在它饥饿的时候，每个头都要吞下一座山中的食物，才能感到满足。由于它太过庞大和沉重，蛇身所过之处，地面都会被掀开，变成一道道溪流和深潭，很容易引发水灾。后来，大禹治水的途中经过这里，杀死了贪婪的相柳，这一带才变得太平起来。

91

《山海经》的世界：幻想与现实的交织

今天我们说起《山海经》，很多人都会觉得这是一部保存了大量古代神话故事的书，其实它的内容完全不止于此，历代前人对它的定位也多种多样。比如司马迁在《史记》中提到，这是一部记录九州山川中"怪物"的书；班固《汉书·艺文志》则认为它是一部涉及历法、占卜等神秘文化的书；刘歆《上〈山海经〉表》把它看作地理和博物学相关的纪实书籍；隋唐宋元之际，人们甚至把它归入史书的范畴；直到明清时，它才再度因为丰富的想象和光怪陆离的内容，被称为"古今语怪之祖""实则小说之最古者"，这和司马迁《史记》中的态度比较相似，而定位又更加清晰。

事实上，《山海经》更近似于"杂著"。所谓杂著，就是内容驳杂的书，很难凭借内容来给它分类。而《山海经》的内容，如袁珂先生《〈山海经〉校注》序所言，"匪特史地之权舆，乃亦神话之渊府"，书中当然包含大量上古神话

传说，但同时也涉及古人对地理、历史、自然、宗教、物产等方面的认知和想象。

我们今天读到的《山海经》，以各卷的名目而言，可以分为《山经》《海经》《大荒经》和《海内经》几部分。而古本《山海经》以《山经》和《海经》为主，这部书也因此得名。从《山海经》各卷的排列顺序中，我们可以跟随古代那位不知名的作者，游历他想象中的天下四方。首先是绵延的群山，从南方开始，以顺时针的路线，自南而西，自西而北，自北而东地行走，最后回到大地的中央；然后是环绕这片大地的海洋，从海外到海内，同样从南方开始，顺时针环游一圈；再后则是更加偏远荒凉的大荒。而很多山脉和河流的名称，比如昆仑之丘、会稽之山、太华之山、雁门之山，以及黄河、洛水、沅水、湘水等，我们都可以在古代地图上和典籍里找到它们的名称，于是这幻想中的天下又增添了不少现实的意义。

可以说，《山海经》构筑了一个古老又遥远的世界，在名山大川、四海大荒之间，无数神灵、异民、珍禽、奇兽、灵草、嘉木时而闪现，交相辉映，铺展开一幅瑰丽烂漫的长卷。那是中国古代的先民们对生命与世界的幻想碎片。早期的人类受限于知识水平，面对广袤多变的自然，很难意识到它的规律与本质，就把他们难以解释的部分都交付给想象力，创造了遍布天地之间

的神灵和种种奇异的生物,来解释周遭世界的变化,满足人类的好奇心。因此,《山海经》中的很多形象,其原型虽然取诸现实,却都带有神话与想象的色彩。

《山海经》记载了天地间存在的诸多神灵,天上有历代天帝,山川四海也各有神灵,他们承担着管理自然界的诸多职责,比如火神祝融,水神天吴,春神句芒,海神禺强……各种自然现象也各有神灵主宰,太阳东升西落,是由于羲和驾驭着太阳车;昼夜交替和冬夏变化,则源自钟山之神烛龙的睁眼闭眼与呼吸。在《山海经》中,甚至每座山都有一位管理它的神灵,他们的形象也非常奇特,或者龙身鸟头,或者人身羊角,或者人面兽身……共同组成这个奇特无比的神灵世界。

在神灵主宰的遥远时空中,就连草木鸟兽都具有神奇的力量。人吃了就不会饥饿的祝余,可以让人变美的荀草,使人不迷惑的条草与蒙木,防止山林火灾的窃脂,令人长寿的乘黄,抵御旱灾的狰狳,带来丰收的当康和文鳐鱼……在它们身上,寄托了古人对于生活的诸多美好希望。还有一些远方的土地,比如诸沃之野、都广之野,都是安宁富饶的乐土,鸟兽和睦,生活无忧,可以说是中国古人心目中的理想乡和黄金国。

当然,也有不少对人类有害的神灵和生物,比如凶残的相柳氏,巨大的巴蛇,带来旱灾的女魃和鼓,引发火灾的毕方,引起洪水的长右和蛮蛮,预示战争的狙如和梁渠……古人为各种自然灾害和兵灾所苦，就也塑造出各种奇特的生物，作为这些灾祸的象征。这同样证明，神话并非随意的创造，而是古人认识和解释世界的一种特殊方式，反映着他们对这个尚且朦胧的广大世界的探索与认知。

在探索和立足于这个世界的过程中，古人又把自己的祖先塑造成具有神力的英雄，赞美他们的开拓精神和造福后人的功绩。古老的农神后稷带来百谷，养育一代代先民；大英雄后羿射落九个太阳，诛杀各种凶兽，保护百姓不受侵害；鲧和禹父子先后治理洪水，让九州大地重归太平；夏后启则把天上的乐舞带到人间，令文化更加繁荣……另外一些故事则体现出人类超越自身的希望，古人把自己力所不能及的那些事情，比如长生不死、灵魂不朽、超越时间、四海遨游，都寄托于古老的英雄。比如，追逐太阳的夸父实际是在追赶时间，以求与时间同在，从而能够不朽；被斩首后以乳为眼、以脐为口的刑天和溺死后化为飞鸟的精卫，则寄托着人类超越生死界限的幻想。此外还有众多的远方异民，半人半蛇的轩辕国人，以火炭为食的厌火国人，长着翅膀的羽人，人面鱼身的氐人……这些奇异的形象，也反映出古代人类超越自身生命与形体的愿望。就像维柯所说，神话是"真实的叙述"，我们在阅读这些古老的幻想时，不能仅把它们当成非现实的故事，而是应当把它们理解为早期人类朦胧又浑然一体的对世界和自身的感知。

《山海经》全书以山川地理为脉络铺展，框架极大，其间点缀的神话碎

片虽然丰富,却相对零散,小读者阅读起来有一定困难。我们这套小书选取其中经典的故事与有趣的形象,摘选段落,根据其特质分类罗列,分为"山川神灵""珍禽奇兽""灵草嘉木""异民珍物"四部分,以一种博物学的视野,多角度立体化地展现古人幻想中的广大山海世界。在每一类中,又尽量区别出有益和有害的物种,将性质相似的事物列在一起,方便小读者比较。原书中对同一事物或形象如有不同记载,读本也会逐一选取,以丰富其内容,并形成对比。

《山海经》的文字简短朴实,少见雕饰,本来宜于阅读。但是,书中的奇异物种名目繁多,其中多音字、生僻字、异体字也很多,对于小读者是一个较大的阅读难点。这套小书以今人注本中最为经典的袁珂先生《〈山海经〉校注》为底本,并对难字予以注音,其中一些多音字的读音判断,则尽量根据《〈山海经〉校注》一书的考证来处理。这样,一方面最大限度地保留古文的原貌,另一方面也能满足当代读者的阅读需求。全书每篇都配有精心绘制的图画,或古质,或灵动,或朴野,或瑰奇,格外启发想象力,将带领读者深入神话与现实交织的古老世界当中。

罗旻

作者

罗旻　北京大学元培学院文学、哲学学士，北京大学哲学系硕士，北京大学中文系博士。现为北京航空航天大学人文与社会科学高等研究院教师，开设《诗经》导读等课程，屡次获"十佳教师"奖项。已出版"陪孩子读诗经"系列。擅长旧体诗词创作。

尧立　职业插画师，毕业于清华美院中国画专业，主要作品有《浮生六记》《秋灯琐忆》《词牌美人》《新猎物者》等，绘本有《我的老师》《天局》《梅花三弄》《广陵散》（荣获"第十八届中国动漫金龙奖绘本金奖"），"陪孩子读小古文"系列（荣获2021年度冰心图画书奖）。

审定

方麟　北京大学中文系古典文献硕士、博士，清华大学国学研究院哲学博士后，北京教育学院中文系副教授。现任中国教育学会传统文化分会常务理事，全国国学素养水平测试专家委员会副主任。

图书在版编目（CIP）数据

陪孩子读山海经. 山川神灵 / 罗旻编著；尧立绘. — 北京：中国少年儿童出版社，2022.10
ISBN 978-7-5148-7669-7

Ⅰ. ①陪… Ⅱ. ①罗… ②尧… Ⅲ. ①历史地理 – 中国 – 古代②《山海经》– 儿童读物 Ⅳ. ① K928.626-49

中国版本图书馆 CIP 数据核字（2022）第 168377 号

SHANCHUAN SHENLING
（陪孩子读山海经）

出版发行：	中国少年儿童新闻出版总社 中国少年儿童出版社
出 版 人：	孙 柱
执行出版人：	马兴民

策划编辑：	史 钰	责任校对：	杨 雪
责任编辑：	史 钰	责任印务：	厉 静
美术编辑：	王点点		
社　　址：	北京市朝阳区建国门外大街丙 12 号	邮政编码：	100022
编 辑 部：	010-57526318	总 编 室：	010-57526070
发 行 部：	010-57526568	官方网址：	www.ccppg.cn
印刷：	北京利丰雅高长城印刷有限公司		
开本：	889mm×1194mm　1/12	印张：	8 2/3
版次：	2022 年 10 月第 1 版	印次：	2022 年 10 月北京第 1 次印刷
印数：	1-5000 册		
ISBN 978-7-5148-7669-7		定价：	79.80 元

图书出版质量投诉电话 010-57526069，电子邮箱：cbzlts@ccppg.com.cn